Zeichen von

BLAVATSKY

Eine ungewöhnliche Begegnung in der heutigen Zeit

Titel der portugiesischen Originalausgabe:
Sinais de Blavatsky - Um inusitado encontro nos dias de hoje
São Paulo, Brasilien: Editora Pensamento.
Copyright © 2009 José Trigueirinho Netto

Übersetzung und Revision:
Eine Gruppe freier Mitarbeiter des Irdin-Verlags
aus Österreich, Deutschland und Brasilien

Keinerlei Tantiemen gehen an den Autor. Die Veröffentlichung dieses Buches wird finanziert von der Irdin-Verlagsgesellschaft, einer
freien, gemeinnützigen, nicht-konfessionellen und nicht-religiösen
Organisation, die sich der Verbreitung von Schriften mit evolutionär-spirituellem Inhalt widmet.

Andere Verlage, die Werke Trigueirinhos publizieren, siehe S. 108.

Internationale Publikationsdaten

Trigueirinho Netto, José
   Zeichen von Blavatsky : Eine ungewöhnliche Begegnung der heutigen
Zeit / Trigueirinho. – Carmo da Cachoeira, MG, Brasilien: Irdin, 2011.
99 S.

   ISBN: 978-85-60835-11-9

   1. Blavatsky, H. P. (Helena Petrovna), 1831-1891.
2. Okkultismus. 3. Theosophie. I. Titel.

DDC: 299.934

Alle Rechte vorbehalten
ASSOCIAÇÃO IRDIN EDITORA

Cx. Postal 2, Carmo da Cachoeira – MG, Brasilien | CEP 37225-000
Tel.: (55 35) 3225-2252 | Fax: (55 35) 3225-2616
info@irdin.org.br | www.irdin.org.br

TRIGUEIRINHO

Zeichen von
BLAVATSKY

Eine ungewöhnliche Begegnung in der heutigen Zeit

IRDIN

Inhaltsverzeichnis

ZUSÄTZLICHE WINKE

LETZTE STREIFLICHTER

An den Leser

Dieses Buch entstand nach einem vertieften Kontakt mit der **Geheimlehre** [1] von Helena Petrovna Blavatsky (1831 - 1891), der durch das beachtliche Werk von Sylvia Cranston [2] und unsere eigenen Eindrücke zu dem Thema ergänzt wurde. Letztere dienen dazu, den Texten eine größere Einheit zu geben.

Die Originalschriften von Blavatsky wie auch die übrigen Zitate stehen unter Anführungszeichen. Im Falle der Schriften von Blavatsky und eines ihrer Lehrer war eine Energie anwesend, die uns dazu veranlasste, sie wörtlich wiederzugeben, um die ursprüngliche Schwingung zu erhalten. Auf diese Weise hoffen wir, dem sprituel-

---

1 H. P. Blavatsky. A DOUTRINA SECRETA - SÍNTESE DA CIÊNCIA E DA FILOSOFIA (DIE GEHEIMLEHRE.- Eine Synthese von Wissenschaft, Religion und Philosophie) São Paulo, Brasilien: Editora Pensamento.
2 S. Cranston HELENA BLAVATSKY - A Vida e a Influência Extraordinária da Fundadora do Movimento Teosófico Moderno (H.B. - Das Leben und der außerordentliche Einfluss der Begründerin der modernen theosophischen Bewegung). Brasilia, Brasilien: Editora Teosófica.

len Schüler eine Synthese anzubieten, die es ihm erlaubt, neue Tore im Bewusstsein zu öffnen in dieser Zeit der intensiven Arbeit für die Ankunft einer neuen Menschheit.

Doch wer war HPB?

Ein Professor für Vergleichende Religionswissenschaft an der University of Oriental Studies in Los Angeles antwortet uns: "Wir wissen es nicht. Wahrscheinlich werden wir es nie wissen. Sie bleibt ein edles Geheimnis. (...) Niemand hat unverwandelt den magischen Kreis ihrer Gesellschaft verlassen. Auch heute noch werden diejenigen unter uns, die der Flamme nahe gekommen sind, die anzuzünden sie geholfen hat, reich beschenkt durch die von ihr ausgehende Inspiration."

Bei einer früheren Aufgabe wurde HPB Upasika genannt, was nach Helena Roerich "Schülerin" bedeutet. Heute verbindet ihre Aufgabe auf den inneren Ebenen sie mit dem Namen Enyalac, und so werden wir sie in einigen Teilen dieses Buches auch nennen.

Trigueirinho,
2009

STREIFLICHTER

Während einer Sitzung für spirituelle Kontakte

Am 9. April 2009 um 11 Uhr versammelte sich eine kleine Gruppe, um in Kontakt mit den inneren Ebenen des Bewusstseins bestimmte Themen zu aktualisieren bezüglich des Dienstes, der in Figueira, einem spirituellen Zentrum im Südosten Brasiliens, geleistet wird.

Im Auto unterwegs zur Sitzung bemerkte der Autor dieses Buches die Anwesenheit von Enyalac (ein anderer Name von HPB), die ihn von den subtilen Ebenen aus begleitete, für die übrigen Autoinsassen jedoch unsichtbar blieb.

In jenen Augenblicken wurde auch eine Verbindung mit dem Tempel von Ibez anwesend, einem Bewusstseinszentrum, das auf den überphysischen Ebenen von Zentralbrasilien aktiv ist. Neben anderen Aufgaben fördert Ibez - ausgehend von einer genetischen Erneuerung sideralen Ausmaßes [1] - die reale Umwandlung der Menschheit der Oberfläche des Planeten.

---

1 Neuer genetischer Code: Siehe J. Trigueirinho Netto, Erks - Mundo Interno (Erks - Innere Welt) und Miz Tli Tlan - Um Mundo Que Desperta (Miz Tli Tlan - Eine Welt erwacht). São Paulo 1989, Editora Pensamento.

Am Anfang der Sitzung sah man eine große symbolische Hand, die auf der astralischen Ebene über der Gruppe schwebte. Aus ihr fielen Energiemünzen, silberne und goldene, die verschwanden, als sie den Boden erreichten.

Wir verstanden, dass eine neue Aufgabe sich für die dort versammelte Gruppe ankündigte. Wir bemerkten die Anwesenheit von Antuak, einem Mitglied der Planetarischen Hierarchie, begleitet von Enyalac und Rishkamel (spiritueller Name von Theresa von Kalkutta). Dem hellsichtigen Blick zeigte sich Rishkamel in einem jüngeren Körper als jenem, den wir von ihren Fotos kennen. Sie trug ein grünes Ordenskleid mit goldenen Streifen. Rishkamel bewegte sich hinter der Gruppe, die im Kreis saß, und kam so bei allen Anwesenden vorbei.

Die Gruppe begann Mantren zu singen, und dem inneren Blick erschien ein weiteres Wesen mit einem großen Buch in den Händen. Es war Moses, mit langem Bart und nach Art der Alten gekleidet. Er wurde von zwei anderen Wesen begleitet. Das Buch, das er brachte, wirkte alt und strahlte ein goldenes Licht aus.

Wir bestätigten die Echtheit jeder Präsenz, die sich in unserem Inneren manifestierte, indem wir dafür geeignete universelle Symbole auf sie projizierten. Das Kreuz mit gleich langen Armen ist eines davon, denn es symbolisiert ein vollkommenes kosmisches Gleichgewicht. Ist die Präsenz echt, so wird sie deutlicher, leuchtender und sicherer. Ist sie nicht authentisch, löst sie sich auf oder zeigt ihr wahres Gesicht. Sie kann eine künstliche Schöpfung sein oder sogar eine Störung durch negative Kräfte

Auf Moses' Buch standen untereinander die Zahlen von eins bis zehn. Enyalac war weiterhin anwesend und hatte ebenfalls ein Buch in den Händen, in dem sich viele andere, kleinere Bücher befanden. Enyalac näherte sich Moses und beide stellten sich direkt vor mich hin. Da erhob sich aus dem Mittelpunkt des Kreises ein starker Wind, und die Blätter beider Bücher begannen sich schnell zu bewegen. Rishkamel näherte sich, und in diesem Augenblick fügten sich die Bücher zusammen und wurden zu einem einzigen Buch. Dann nahm Rishkamel das neue Buch und brachte es zu mir.

Einige Störungen versuchten, in das mentale Feld der Anwesenden einzudringen, aber Enyalac und andere Wesen, die ebenfalls näher kamen, unterstützten weiter die Sitzung. Die Gruppe begann nun, mit speziellen Symbolen zu arbeiten, um die Störungen aufzulösen. Schon beim ersten Symbol öffnete sich auf der ätherischen Ebene genau im Zentrum der Gruppe eine Art energetisches Rohr, das zu einer anderen Raummodalität führte.

Bei einem der Anwesenden begann sich ein deutliches Bewusstsein von diesem uns unbekannten Raum einzustellen, und Enyalac erklärte, dass eine spezielle Situation geschaffen werden müsse, damit die vorgeschlagene Arbeit sich vollziehen kann. Anschließend merkte ich, dass die Gruppenteilnehmer in ihren Astralkörpern nach Ibez versetzt wurden. In einem geräumigen steinernen Saal standen alle im Kreis. In der Mitte befand sich Enyalac, die mit uns sprach. Sie nahm nacheinander leere Blätter aus einem Heft, das sie in den Händen hielt, und gab jedem von uns eines. Wir verstanden, dass wir so wie die leeren Blätter sein müssten, damit die innere Lehre sich in uns einprägen könnte und sich in unserem Leben neue Gelegenheiten für Dienst und Wachstum ergeben könnten.

In jenem Augenblick erschien auf meinem mentalen Schirm ein weiteres altes Buch, das sich allmählich öffnete. Und ohne Worte teilte Enyalac mir mit: "Schreib auf, was du verstehst, was zu dir gelangt." Ich begann also zu notieren.

Die Morgendämmerung
der Menschheit

Der Mensch erschien auf der Erdoberfläche in einer Zeit des Übergangs zwischen Zyklen der universellen Evolution. Er ist das Ergebnis eines besonderen kosmischen Prozesses und birgt deshalb die Hoffnung in sich, neue Schwingungsschlüssel zu finden und ans Licht zu bringen, die heute für die Vervollkommnung der gesamten menschlichen Rasse notwendig sind, die im ganzen Universum auf unterschiedlichen Ebenen und in unterschiedlichen Dimensionen existiert. Aus Zufall oder Kausalität entwickelt dieses Projekt die verschiedenen Epochen hindurch immer wieder eine Resistenz gegen die ihm vorgelegten Prüfungen.

Im Laufe des Prozesses geschah es auch, dass die Menschheit der Erdoberfläche ihre Bedeutung innerhalb des Universums unter Beweis stellte. Dies ist einer der Gründe, warum sie immer noch fortdauert. Die Menschheit ist ein Experiment, das neue Entwürfe für Rassenzusammensetzungen hervorbringen kann, die dann auch auf andere Systeme als das irdische angewendet werden können. Ein Teil der Evolutionsgeschichte der Menschheit, Schritt für Schritt erzählt von den anfänglichen Arbeiten bis zur Gegenwart, ist in Ibez aufbewahrt. Er wartet dort auf den richtigen Augenblick, um sich den Aufmerksameren unter den Menschen der Erdoberfläche zu offenbaren.

Die wahre Geschichte der Menschheit kann nicht einer einzigen Gruppe übergeben werden. Auch dann nicht, wenn ihre Mitglieder sich für ehrliche Vertreter der ganzen Menschheit halten. Dies ist auch der Grund, warum nicht einmal große Vertreter der Hierarchien Zugang zur Gesamtheit der geschichtlichen und vorgeschichtlichen Kodizes hatten. In dieser Übergangszeit, in der eine tiefgreifende Veränderung im physischen Gesamtzusammenhang des Planeten vorauszusehen ist, wird die Möglichkeit des Zugangs zu dieser Art Information neu geprüft, und das Ergebnis wird großteils davon abhängen, wie Gruppen von Menschen der Erdoberfläche der Erfüllung des Evolutiven Plans nachkommen.

Damit eine Gruppe einen Teil dieser Information bekommen kann, müssen in ihr mehrere Strömungen des spirituellen Wissens vertreten sein. Diese Bedingung wird schon seit längerer Zeit aufgebaut und nähert sich heute allmählich den Seelen, die zu dieser Aufgabe bestimmt sind.

Unser Eindruck war, dass das von Enyalac gezeigte Buch einen Teil der Menschheitsgeschichte enthielt, dass es mehrere Bände waren und dass der uns jetzt präsentierte Vorschlag eine Art Prolog zu diesem umfangreichen Werk war. Sollte es eine entsprechende Antwort seitens einiger Menschen geben, würde das Buch weitergeführt werden.

Das Bewusstsein wieder auf den Versammlungssaal gerichtet, sahen wir nun, dass Enyalac versuchte, näher heranzukommen, jedoch in Gestalt von HPB, die von 1831 bis 1891 inkarniert war. Sie ergriff jenes Buch und blieb außerhalb der Gruppe; dabei beobachtete sie uns. Dann brachte sie ihr Buch und Moses brachte das mit den zehn Zahlen. Und Moses' Buch wurde in das Buch, das bei HPB war, eingegliedert.

Weil die bekannten Zehn Gebote bis heute nicht von der Menschheit als ganzer gelebt wurden, wird es nötig sein, sie mit anderen, aktuellen Texten zu verbinden und daraus ein einziges Buch zu bilden. Außerdem hatten wir in jener Situation den Eindruck, dass sich der höhere Sinn der Gebote enthüllen würde. Es wäre heutzutage wichtig, die Zehn Gebote in ihrer wahren Form aufzufinden. Seitdem sie der Menschheit offenbart wurden, hat man ihren Sinn oft missverstanden. Sie wurden des öfteren manipuliert und gemäß Interessen unterschiedlicher Art übersetzt.

Einige Hellseher hatten schon Visionen von ihnen im Akasha (dem universellen ätherischen Feld, wo alles registriert wird), und diese Visionen haben das, was normalerweise verbreitet wird, nicht immer bestätigt. Es ist jedoch immer Vorsicht geboten, da auch die im Akasha aufgenommenen Visionen Gefahr laufen, verfälscht zu werden, und sei es unwillkürlich, durch den noch unvollkommenen Empfangsapparat der Seher.

Während ihrer Inkarnation brachte HPB gekonnt die Fähigkeit zum Ausdruck, andere Ebenen wahrzunehmen und die von den Hierarchien, die sie Meister nannte, stammenden Informationen weiterzuleiten. Andererseits erklärt sie in der **Geheimlehre:** "Die Autorin wird nicht, auch wenn sie sich noch so sehr bemüht, gleichzeitig Wahrheit und

Wissenschaft befriedigen können. Dem Leser ein systematisches und ununterbrochenes Bild der *Archaischen Stanzen* zu bieten, ist ein unmögliches Unterfangen." Und sie fährt fort: "Die *Archaischen Stanzen* lehren den Glauben an Bewusste Mächte und Spirituelle Wesenheiten, an halb-intelligente irdische Kräfte und an hoch-intellektuelle Kräfte anderer Ebenen, deren Intellekt von gänzlich anderer Art ist als jene, die wir uns auf der Erde vorstellen können. Es handelt sich um Wesen, die um uns herum leben, in Bereichen, die weder Teleskop noch Mikroskop zu offenbaren vermögen."

HPB erklärt, dass der wahre Studierende, den sie Okkultisten nennt, an die *Herren des Lichts* glaubt und glaubt, dass die Sonne - weit davon entfernt, nur etwas zu sein, das unsere Tage erhellt - "wie Millionen andere im Kosmos existierende Sonnen die Wohnstätte oder der Träger eines Gottes oder einer Legion von Göttern ist."

Die Sonne ist Materie; sie ist aber auch Geist, so wie der Kosmos, der außer einer Form auch eine Seele hat. Aber "Materialismus und Kritizismus sind Übel, die in der Welt fortbestehen werden, solange der Mensch nicht seine heutige grobe Form überwindet, um zu der Form zurückzukehren, die er in früheren Rassen, während anderer Etappen der Erde hatte."

"Es sei denn, dass die Skepsis und unsere heutige natürliche Ignoranz durch Intuition und durch eine natürliche Spiritualität ausgeglichen werden, wird jeder von solchen Gefühlen bedrängte Mensch in sich selbst nichts anderes sehen als eine Ansammlung von Fleisch, Knochen und Muskeln, mit einem leeren Verhalten in seinem Inneren, das zum Speichern von Gefühlen und Empfindungen dient." Daher ist das Licht des Geistes der ewige Ort, nach dem Mystiker und Suchende streben. Und diese kümmern sich wenig um die Begrenzung der materiellen Sinne. Sie rechnen mit den inneren Sinnen oder mit anderen Formen des Kontakts mit höheren Bewusstseinsebenen.

Was die Wissenschaft betrifft, ist sie weit davon entfernt, die vorhandenen Schwierigkeiten zu lösen, es sei denn, sie nimmt Verbindung auf mit der verborgenen und nicht materiellen Wirklichkeit und sogar mit der Alchemie, was heute allerdings unwahrscheinlich ist. Angesichts der in der dichten Materie verborgenen Wirklichkeit ist es unmöglich, auf die Intuition des Mystikers zu verzichten. Andererseits gibt es, laut HPB, intelligente Mitarbeiter, die unsichtbar das Sonnensystem lenken. Doch wer sind sie? Die physische Wissenschaft weiß wenig über diese Wesen und über bestimmte Kräfte, und die Verschmelzung der beiden Wissenschaften - der archaischen und der modernen - verlangt zuallererst das Aufgeben der heutigen Vorurteile und materialistischen Ziele.

Wir erkennen also die Notwendigkeit, eine Zusammenfassung von Informationen vorzulegen, die eine wichtige Etappe der Lehre abschließen soll, damit wir - angesichts einer inspirierenden Quelle, wie es die intelligenten Kontakte mit außerirdischen und innerirdischen Bewusstheiten sein können - uns auf die herausfordernden Aufgaben der heutigen Zeit vorzubereiten vermögen.

Da es derzeit kein inkarniertes Wesen gibt, das so weit entwickelt wäre, in vollem Ausmaß Spirituelle Hierarchie zu sein, bleibt die Möglichkeit, dass sich Gruppen von Individuen bilden, die dann als Kanäle der Hierarchie fungieren. Erlaubt eine Gruppe von Seelen, die mit dem Geist gut verbunden sind, einem inneren Lehrer sie zu unterweisen, so wird es möglich, dass die planetarischen Zentren [1], die kosmische Energien zur Erde leiten, sich materialisieren. Ein solcher geistiger Lehrer wird sich aber nicht auf der physischen Ebene befinden, sondern in der Hierarchie dieser Zentren selbst. Einige innerirdische Rückzugsorte [2], die der großen Mehrheit der Menschen noch unbekannt sind, werden in Erscheinung treten und ungeahnte Wahrheiten enthüllen können, da sie Hüter dieser Informationen sind. Die Menschen müssten jedoch darauf vorbereitet sein, dass sie in ihren Auffassungen erschüttert werden, denn solche Enthüllungen stellen auch für ein Mentalbewusstsein von höchster Intelligenz eine Herausforderung dar.

Auf Planeten wie Jupiter zum Beispiel gibt es eine völlig reine Wissenschaft, die Enthüllungen über die Funktionsweise des Universell-Mentalen - auch das *Mentale des Schöpfers* genannt - beinhaltet. Das alles weist darauf hin, dass die Erde, wenn sie einmal dem Bund der Entwickelten Welten angehören soll, nicht bleiben kann, wie sie ist. Und einige Erdenwesen werden einen großen Teil ihres Lebens in tiefer Versenkung verbringen müssen, damit sie etwa eine andere Art von Zeit kennen lernen und erfahren können, die verschieden ist von der chronologischen Zeit und verbunden mit der Energie der Allgegenwart [3].

---

1 Brennpunkte der universellen Energie auf dem Planeten, denn sie wirken von den übermentalen Ebenen aus. Die Hauptzentren in der heutigen Zeit sind: Anu Tea, Aurora, Erks, Iberah, Lis-Fatima, Mirna Jad und Miz Tli Tlan.
2 Zentren, die an einer Koordinate der Realzeit des Universums existieren. Sie hüten Informationen, die uns für andere Bewusstseinsebenen erwecken.
3 Neunter kosmischer Strahl - eine der grundlegenden Energien des Kosmos. Siehe Trigueirinho, Glossário Esotérico (Esoterisches Lexikon). São Paulo 1994, Editora Pensamento.

Um eine tiefe Versenkung und die Stille der Kontemplation zu erreichen - notwendige Bedingungen, um gewisse Wahrheiten zu erkennen - , müssen wir, wie wir wissen, einige Punkte beachten, die zur inneren Einheit und in der Folge zur Ausrichtung nach dem Geist und den höheren Ebenen führen:

• Lob und fortwährender Gehorsam den Gesetzen der Schöpfung gegenüber.

• Physische und vor allem mentale Stille.

• Kein Überwiegen des Einflusses des individuellen Wesens; dies wird den Gebrauch von Kräften ermöglichen, die einen höheren, universellen Dienst erleichtern.

Man kann nicht oft genug wiederholen, dass wir in unseren Gedanken, Handlungen und Worten rein sein müssen, um uns auf diese Weise verbunden zu fühlen mit den Geschwistern des Kosmos, die sich der evolutiven Aufgabe widmen. In diesem Prozess sollten wir uns als Einzelne außer Acht lassen und uns als Gruppe betrachten, jedoch ohne an die vergangenen Leben zu denken und an all die negativen Spuren, die sie hinterlassen haben. Sind diese experimentellen Leben aus dem Gedächtnis getilgt, sollten wir uns der Energie der Befreiung[4] hingeben: einer immateriellen Energie, die jenen besonders nahe steht, die sich anschicken, endgültige Schritte in diesem Entwicklungszyklus zu tun.

Alles wird davon abhängen, dass Gruppen sich zu einem einzigen Körper vereinen, um mit reinen Absichten die heute

---

4 Zwölfter kosmischer Strahl - eine der grundlegenden Energien des Kosmos. Siehe Trigueirinho, Glossário Esotérico. São Paulo 1994, Editora Pensamento.

der Menschheit zur Verfügung stehenden Unterweisungen zu empfangen. Diese Seelengruppierungen werden sich nicht nach jeder durchgeführten Arbeitsphase auflösen, sondern sie werden sich entfalten und die erlebte Lehre zu anderen, immer ausgedehnteren Zusammenhängen führen und auf diese Weise die Voraussetzungen erwerben, immer umfassendere evolutive Aufgaben zu erhalten.

Etwas so Umfassendes ist heute für uns unvorstellbar. Es gibt sehr viel zu lernen, und die Studierenden müssen erscheinen. Der Klang als okkulte Kraft zum Beispiel hat eine unbekannte Potentialität, und die Gruppen werden seine Anwendung beherrschen müssen. Die Geheimlehre sagt, dass es möglich ist, einen derartigen Klang hervorzubringen, den nicht einmal die von einer Million Wasserfällen wie den Niagara-Fällen erzeugte Elektrizität aufhalten könnte. Man kann einen Klang hervorbringen, der eine Pyramide wie die Cheops-Pyramide in die Luft zu heben vermöchte; einen Klang, der einen Sterbenden wiederbeleben könnte, ihm Lebenskraft und Energie zurückgeben könnte, wie auch Lebenskraft und Energie jemandem zurückgeben könnte, der den letzten Atemzug bereits getan hat.

Das Werk von HPB stellt jedoch auch klar, dass die Gleichgültigkeit in unserer Zeit dazu führt, nur das biblische Goldene Kalb anzubeten, und dass die Geschichte des Planeten und der Menschheit mit wenig Skrupel gegenüber der Tradition, den Sagen und den Mythen erzählt wird. In den Sagen und Mythen findet man aber - in symbolischer Form - die wahre Geschichte. HPB sagt: "Während der Materialismus alles im Universum außer der Materie leugnet, versuchen die Archäologen, das Altertum herabzusetzen und alle Behauptungen der Alten Weisheit zu zerstören, wobei sie sogar die Chronologie verfälschen."

So bleiben Erkenntnisse verborgen, die wir erst wiedererlangen werden durch überphysische Kontakte und durch die Ausrichtung nach Welten, die auf anderen Bewusstseinsebenen leben, jenseits der drei Dimensionen der konkreten Welt.

Etwas, das Blavatsky zum Ausdruck brachte, als sie inkarniert war

"Ich kann nur denen den Weg weisen, deren Augen für die Wahrheit offen sind, deren Seelen von Altruismus, Güte und Liebe zur ganzen Schöpfung erfüllt sind und die nur als Letztes an sich selbst denken."

Das, was HPB als Lehre niederschrieb, war also nur ein kleiner Teil des Wissens, über das sie verfügte. Sie hat das uns Vermachte genau ausgewählt, um ein noch größeres Unverständnis als das schon auf natürliche Weise durch ihr ungewöhnliches Werk hervorgerufene zu vermeiden. Ihre Rücksicht auf die menschlichen Beschränktheiten und die Behutsamkeit, die sich daraus ergab, waren offensichtlich.

"Es wird von keinem Menschen verlangt, eine schwerere Last auf sich zu nehmen, als er tragen kann, noch wird verlangt, mehr zu tun, als ihm möglich ist. (...) Ein durch die Pflicht an einen Ort gebundener Mensch hat nicht das Recht, ihn zu verlassen, um einer anderen Pflicht nachzukommen, auch wenn diese größer ist als jene, denn die erste im Okkultismus gelehrte Regel lautet, dass wir unsere Pflicht erfüllen müssen, ohne sie zugunsten irgendeiner anderen aufzugeben."

Aus diesem Grund muss sich niemand schlecht fühlen, weil er etwas nicht versteht. Ein Übermaß an Wahrheit könnte das Denken des Lernenden verwirren sowie zwingende karmische Situationen durcheinander bringen, mit denen er sich noch auseinander zu setzen hat. "Kann jemand in diesem Dasein aufgrund der Umstände oder wegen seiner Stellung im Leben kein Diener im vollen Sinne werden, dann bereite er sein mentales Gepäck vor, um so weit zu sein, dem ersten Ruf nachzukommen, wenn er ein nächstes Mal wiedergeboren wird."

Andererseits soll uns bewusst sein, dass wir heute infolge der Bedingungen und Gelegenheiten dieser Zeit - einer Zeit des Übergangs - schnelle und intensive Prozesse erleben können, so als würden wir in ein und demselben Leben mehrere Inkarnationen leben.

✧ ✧ ✧

HPB erläutert noch einen anderen Grund, warum sie nicht alles, was sie wusste, enthüllen konnte: "Es ist unmöglich, geistige Kräfte anzuwenden, wenn der leiseste Ton von Egoismus im Operateur vorhanden ist. Denn ist die Absicht nicht gänzlich rein, verwandelt sich der geistige Wille in psychischen Willen und wirkt auf der astralischen Ebene, was schreckliche Ergebnisse nach sich ziehen kann. Die Vermögen und Kräfte der tierischen Natur können sowohl von jemandem eingesetzt werden, der egoistisch ist oder nach Rache sucht, als auch von jemandem, der selbstlos ist und alles verzeiht; die Vermögen und Kräfte des Geistes jedoch lassen sich nur von denen einsetzen, die vollkommen reinen Herzens sind ...”

In dem Buch **Die Stimme der Stille** [1], das 1889 erstmals veröffentlicht wurde, erläutert HPB: "Der Mensch ist innerlich ein kristallener Strahl der Universalseele, ein Bündel makellosen Lichts, und äußerlich eine Form aus Ton. Dieser Lichtstrahl ist der Lenker seines Lebens und sein wahres Ich, der Wachende und stille Denker.”

Viele haben sich beklagt, weil die Mitglieder der Spirituellen Hierarchie gewisse Kenntnisse nicht offenbarten, sondern sehr streng waren beim Übermitteln von Informationen. Zum Beispiel war die Existenz von intelligenten Wesen innerhalb und außerhalb unseres Sonnensystems immer eine beabsichtigterweise unvollständige Mitteilung, lediglich ein Wink, ohne Details. Diesbezüglich betonte HPB, dass "weder Symbole noch Zahlen der Öffentlichkeit mitgeteilt werden können; und Zahlen und Symbole sind der Schlüssel des esoterischen Systems.” Letzteres gilt auch für bestimmte Informationen über das Unbekannte.

Sie zitierte sogar den Teil eines Briefes eines ihrer Meister, in dem dieser den Unterschied bekräftigte zwischen dem Wissen, das man von anderen erhält, und der Weisheit. Während das Wissen und die äußere Information fremdes Denken darstellen, kommt die Weisheit aus der Seele des Einzelnen selbst.

Damit wird uns ein Schlüssel gegeben, der auf die Notwendigkeit hinweist, selbstständig in unserem Inneren zu

---

1 H. P. Blavatsky. A VOZ DO SILÊNCIO (DIE STIMME DER STILLE). São Paulo, Brasilien: Editora Pensamento.

suchen und nicht für immer von fremdem Denken abhängig zu bleiben, so wertvoll es auch erscheinen mag. "Lernende, seid beharrlich wie jemand, der ewig ausharren muss. Eure Schatten leben und lösen sich auf; das jedoch, was in euch für immer leben wird, dasjenige, was in euch ERKENNT, gehört nicht zum flüchtigen Leben", sagt **Die Stimme der Stille** im Vers 138.

Und was könnte der in den Schriften Blavatskys so anwesende Universelle und Höchste Geist - der Einige Geist - sein? Er ist die Essenz, die uns alle und alles Existierende erhält und beseelt. Er ist die Einheit, der Ursprung allen Lebens. Aber "der Geist ist formlos und immateriell und, wenn im Menschen individualisiert, aus der höchsten Substanz. So ist der individuelle Geist Teil des Universellen Geistes, individualisiert durch seine Verbindung mit einer körperlichen Form. Er ist keine formale Wesenheit, denn wo es Form gibt, gibt es Grund für Schmerz und Leid" - und der Geist steht über alledem.

Man darf Geist und Seele nicht verwechseln. So wie die Materie ein Feld für die Manifestation der Seele auf unserer Existenzebene darstellt, ist auf einer höheren Ebene die Seele der Träger für die Manifestation des Geistes. "Spiritualität", sagt HPB, "ist also eine immaterielle Auffassung der Dinge und des Lebens. Sie führt uns dazu zu *erleben*, dass alles, was existiert, vom Universellen und Höchsten Geist beseelt wird. Man sieht, dass Spiritualität nicht Religion ist. Die Religionen haben Anhänger mit dem Schwert gewonnen und Tempel durch ungeheure Opfer von Menschenleben erbaut. Die Geschichte wurde verfälscht, die Tatsachen absichtlich entstellt. In ihr überwiegen Fanatismus und Materialismus - der eine, der alles akzeptiert, und der andere, der alles negiert. Spiritualist ist derjenige, der sich ruhig zwischen diesen beiden Extremen hält und der ewigen Gerechtigkeit der Dinge vertraut."

Es gibt eine urtümliche und universelle Weisheit, die einigen Menschen bekannt war und im Laufe der Zeit allmählich verzerrt wurde. HPB sagt, dass "einige Fragmente die geologischen und politischen Umwälzungen überlebt haben, um ihre Geschichte zu erzählen. Und was gerettet wurde, zeigt, dass die Geheime Weisheit in weit zurückliegenden Zeiten die einzige Quelle war, die ewige und unerschöpfliche Quelle, von der sich alle Strömungen ernährten - die späteren Religionen der verschiedenen Völker, von der ersten bis zur letzten." Allerdings haben viele derer, die an der Spitze der Religionen standen, - bewegt von obskuren Interessen oder auch von der menschlichen Unwissenheit - die Quellen verraten.

HPB bestätigt eine der Quellen ihres Werkes: "Wir stützen uns auf Hermes und die hermetische Weisheit, auf ihren universellen Charakter; die Wissenschaft stützt sich auf Aristoteles, gegen die Intuition und die Erfahrung der Jahrhunderte, in der Vorstellung, die Wahrheit sei ausschließliches Eigentum der westlichen Welt." Von da an wurde die Verbreitung der Geschichte immer mehr verdorben, ein Umstand, der uns dazu auffordert, einzig und allein der Stimme unseres eigenen Inneren zu vertrauen. "Hab Geduld, Kandidat, wie jemand, der weder Niederlagen fürchtet noch mit Erfolgen liebäugelt" - so spricht diese Stimme und so steht es im Vers 137 von **Die Stimme der Stille**. "Wir werden aber nicht lange warten müssen; viele von uns werden die Morgenröte des neuen Tages sehen, an dessen Ende viele Rechnungen und Differenzen zwischen den Rassen beglichen werden."

Ist dieser Augenblick nahe? Beziehen sich die vielen Zeichen, die wir heute bekommen, darauf? Angesichts so vieler Politik zwischen den Religionen und so vieler Entstellungen der Universellen Gesetze, die den Völkern bekannt sein sollten, gilt es nun vielleicht festzustellen - so wie der Philosoph es tat, der sagte: "Es gibt nur eine wahre Religion, die Anbetung des GEISTES GOTTES"?

Ein aufgestiegener Meister schrieb an HPB: "Schenkt nicht der heutigen Generation die großen Wahrheiten, die das Erbe der künftigen Rassen darstellen. (...) Wir wiederholen: Seid vorsichtig, vorsichtig und weise, und vor allem achtet darauf, euch darüber zu vergewissern, woran diejenigen glauben, die Unsere Lehren hören, damit sie nicht, indem sie sich selbst täuschen, andere täuschen."

Angesichts dessen sollten wir uns fragen: Wann werden wir eine vertrauenswürdige Menschheit sein? Wann werden wir ehrlicher und sicherer über die Oberfläche dieses Planeten schreiten? Werden diese Fragen in Betracht gezogen, so können sie die inneren Rhythmen derer, die guten Willens sind, beschleunigen. "... die einsamen Wanderer, deren Füße auf der Rückkehr in die Heimat bluten, sind bis zum letzten Augenblick nicht sicher, ihren Weg nicht doch zu verfehlen in dieser endlosen Wüste der Illusion und der Materie, die das irdische Leben ausmacht."

Wir sehen, dass wir, die bedürftig waren nach etwas Vollkommenerem, schon seit einiger Zeit reif waren, um auf dieser noch nicht geheiligten Erde von der Existenz anderer Lebensebenen zu erfahren. So begann die Hierarchie, innere Kommunikationssysteme zwischen dem Menschen der Erdoberfläche und den überphysischen innerirdischen Geschwistern vorzubereiten. Die Planetarischen Zentren wurden allmählich offenbart, und ihre Kontaktorte auf der physischen Ebene manifestierten sich nach und nach. Zuerst Erks, Miz Tli Tlan, Aurora, Mirna Jad, Lis-Fatima und zuletzt Iberah und Anu Tea.

Um bewusst in diesen Evolutionsstrom einzutreten, gibt es keine Privilegien. **Die Geheimlehre** besagt, dass "es keine privilegierten Wesen im Universum gibt, weder in unserem System noch in anderen, weder in den äußeren noch in den inneren Welten - privilegierte Wesen wie die Engel der abendländischen oder der jüdischen Religion. Ein Erzengel erscheint nicht plötzlich auf dieser Existenzebene und wird auch nicht als solcher plötzlich auf ihr geboren - d. h. als ein voll entwickelter Engel - , sondern jeder Erzengel ist das, was er ist, *geworden*." Weiters offenbart HPB: "Die Großen Könige haben ihren Zyklus auf der Erde und in anderen Welten in vorangegangenen Perioden abgeschlossen. In zukünftigen Manifestationen werden sie zu Systemen erhoben werden, die höher sind als unsere planetarische Welt, und ihr Platz wird von den Auserwählten unserer Menschheit eingenommen werden, den Vorläufern auf dem schwierigen und mühevollen Weg des Fortschritts."

Sind diese zukünftigen Vorläufer vielleicht schon unter uns, den heutigen Menschen? - Ja. "Die Menschen unseres eigenen Lebenszyklus werden in der nächsten großen Manifestationsperiode des Universums, die mehrere Etappen von Milliarden Sonnenjahren umfasst, die Lehrer und Führer einer Menschheit sein, deren Monaden [2] jetzt halbbewusst in den intelligentesten Exemplaren des Tierreichs gefangen sein können, während ihre niedrigeren Prinzipien vielleicht die höchsten Exemplare des Pflanzenreichs beleben."

"Vom höchsten Erzengel bis zum letzten bewussten Großen Erbauer, sie alle sind Menschen, die in vergangenen Äonen in

---

2 Grundlegender Bewusstseinskern in der derzeitigen Entwicklungsphase des Menschenwesens. Er ist das unvergängliche Lebenszentrum des Menschen. Siehe Trigueirinho, Glossário Esotérico (Esoterisches Lexikon). São Paulo 1994.

dieser oder in anderen Sphären gelebt haben; und die halb-intelligenten oder nicht-intelligenten niedrigeren Elementarwesen von heute sind alle zukünftige Menschen."

"Ein Wesen erlangt Intelligenz dadurch, dass es den menschlichen Zyklus durchlebt. Wir können Bewusstsein oder menschliche Intelligenz nur besitzen, wenn wir sie uns auf individuelle Weise aneignen."

Schon im ersten Band der **Geheimlehre** lesen wir: "Die ganze Naturordnung bestätigt, dass es einen progressiven Verlauf gibt, der nach einem höheren Leben strebt. Es existiert ein Plan oder eine Absicht im Wirken der Kräfte, sogar bei den scheinbar blindesten. Der Gesamtprozess der Evolution mit seinen nicht endenden Anpassungen ist Beweis dafür. Die unveränderlichen Gesetze, die die schwachen Arten beseitigen, um Platz für die stärkeren zu schaffen, und die das Überleben der Fähigsten sichern, kooperieren in jeder Hinsicht mit dem großen Endziel, so grausam sie auch in ihrer unmittelbaren Wirkung seien.

Die Tatsache selbst, dass Anpassungen geschehen und dass die Fähigsten jene sind, die im Kampf ums Dasein überleben, beweist, dass die so genannte *unbewusste Natur* in Wirklichkeit ein Kräftekomplex ist, der unter der Leitung von hohen Planetarischen Geistern von halb-intelligenten Wesen (Elementarwesen) gehandhabt wird. Wer wagt es, der Pflanze oder gar dem Tier ein eigenes Bewusstsein abzusprechen? Alles, was man sagen kann, ist, dass dieses Bewusstsein jenseits der Grenzen des eigenen Verständnisses liegt."

Doch einer der bedeutsamsten Punkte von HPBs Botschaft liegt in dem Hinweis auf die Notwendigkeit, unsere Energie der Devotion richtig einzustellen:

"Weder die Gesamtlegion noch irgendeine der wirkenden Potenzen, individuell betrachtet, dulden göttliche Verehrung und Gottesdienste. Alle haben jedoch Anspruch auf die menschliche Ehrerbietung und Dankbarkeit; und der Mensch soll sich immer bemühen, die göttliche Evolution der Ideen zu unterstützen, indem er - gemäß seinen Möglichkeiten - zu einem Mitarbeiter der Natur bei ihrer zyklischen Aufgabe wird."

Und ohne Platz für Zweifel zu lassen, fasst sie zusammen:

"Nur der GRUNDLOSE GRUND aller Dinge soll sein Heiligtum und seinen Altar im geweihten und unantastbaren Raum unseres Herzens haben: unsichtbar, unberührbar, unerwähnt - es sei denn von dem ruhigen und stillen Licht unseres spirituellen Bewusstseins. Diejenigen, die anbeten, sollen es in der Stille und in der hochheiligen Einsamkeit ihrer Seelen tun."

Unsere Verantwortung gegenüber dem, was kommen soll

"Es kann sein, dass das Bewusstsein der zeitgenössischen Generation nicht reif genug ist, um okkulte Wahrheiten zu empfangen. Sehr wahrscheinlich wird dies die Schlussfolgerung der fortgeschrittenen Denker der Sechsten Rasse [1] sein, wenn sie einen Blick zurück werfen auf die Geschichte der vollen und bedingungslosen Anerkennung der Esoterischen Philosophie. Bis dahin werden die Generationen unserer Fünften Rasse weiter durch die Schlupfwinkel der Vorurteile und des Verhinderns irren."

---

1 So wie die Theosophie sind auch wir der Ansicht, dass es - vom Erscheinen des Menschen auf diesem Planeten an - sieben menschliche Rassen gibt. Vier davon haben schon gelebt, die Fünfte muss ihren irdischen Zyklus erst vollenden. Zwei weitere sollen noch in Erscheinung treten: die Sechste und die Siebente. Der Verlauf dieser Rassen entspricht großen Entwicklungsperioden von vielen Millionen Jahren. Im Kapitel "Leben, Rassen und Zyklen" des Buches Segredos Desvelados (Enthüllte Geheimnisse) von Trigueirinho haben wir allerdings die Zahl der Rassen erhöht, aber aus den dort angeführten Gründen und nicht im Gegensatz zu der von HPB verbreiteten klassischen Lehre.

HPB hat mitten im Aufkommen des wissenschaftlichen Materialismus gelebt. Und heute scheint sich die Lage nicht geändert zu haben - im Gegenteil: Der Materialismus breitet sich weiter aus. In einem anderen Abschnitt der **Geheimlehre** fügt sie hinzu, dass wir uns am Gipfelpunkt der Materialität befinden: "Die animalischen Neigungen sind, wenngleich verfeinerter, dennoch nicht weniger dreist, was man vor allem in den zivilisierten Ländern beobachten kann." Nichtsdestoweniger behaupten alle archaischen Lehren, dass "die erste Menschengruppe der ureigenen Essenz höherer, halbgöttlicher Wesen entsprungen ist und diese Menschen daher sehr fortgeschrittene Wesen waren. Doch die Natur", fährt HPB fort, "wendet ein solches Verfahren beim heutigen Stand der Evolution nicht mehr an. Während es in sehr weit zurückliegenden Epochen Menschen und Zivilisationen gab, die in einem gewissen Sinn viel fortgeschrittener waren als heute, gibt es nun eine spirituelle, intellektuelle und animalische Entwicklung - aber es sind die Schaffenden Kräfte der Rassen, die die physische Form aufbauen und ihre Entwicklung in Richtung Vollkommenheit anregen." Laut HPB geschieht dies um den Preis eines entsprechenden Verlusts an Spiritualität.

Doch es gab einen Wendepunkt, und in letzter Zeit "ist es das höhere Ich des Menschen, oder das reinkarnierende Prinzip, das über das animalische Ego herrscht und es regiert, wenn Letzteres nicht das Erstere nach unten zieht. Die Spiritualität befindet sich in ihrem aufsteigenden Ast, und der animalische oder physische Aspekt erschwert nur dann den regulären Fortschritt auf dem Evolutionsweg, wenn der Egoismus der Persönlichkeit den inneren Menschen dermaßen verdirbt, dass die höhere Anziehung jede Macht über den denkenden und rationalen Menschen verliert."

Bei genauer Betrachtung sehen wir, dass es die einfacheren Menschen sind, die sich den Geheimnissen des Evolutiven Plans am meisten öffnen. Doch sei gesagt, dass "das Laster und die Bosheit auf der gegenwärtigen Stufe der menschlichen Entwicklung abnormale und widernatürliche Erscheinungen sind - oder sein sollten. Der Umstand, dass die Menschheit noch nie egoistischer und lasterhafter als heute war - denn die zivilisierten Nationen gehen so weit, aus dem Egoismus ein ethisches Kennzeichen zu machen und aus dem Laster eine Kunst - , ist ein zusätzlicher Beweis für die Außergewöhnlichkeit des Phänomens."

Die Geheimlehre enthüllt, dass unsere derzeitige Rasse, die Fünfte Rasse, sich dem nähert, was man interstellaren Äther nennen kann. Auf diese Weise wird sie weniger materiell als früher und neigt mehr zur Psychologie als zur Physik. "Die Zirbeldrüse hat eine viel stärkere Beziehung zur Seele und zum Geist als zu den physiologischen Sinnen des Menschen." Wir sind auf dem Weg zur vollständigen Entwicklung der Sinne des Mentalen und der intuitiven Allwissenheit der Seele. Dies, ohne die Störungen mit einzubeziehen, die die Materie erzeugen kann.

In der noch weit entfernten Siebenten Rasse wird es drei Menschentypen geben: den weißen, den gelben und den schwarzafrikanischen, samt ihren Mischungen. Gemäß HPB sind die Rothäute, die Eskimos, die Papuas, die Polynesier und andere Völker im Aussterben. Sie sterben langsam aus, verlassen die physische Ebene, und wie wir es in inneren, subtilen Kontakten beobachtet haben, gehen einige auf andere Bewusstseinsebenen über. Die Seelen, die heute reinkarnieren, versuchen ihre Erfahrungen in den entwickelteren Gruppen zu machen, und so ist das Aussterben anderer Gruppen eine greifbare Realität geworden. Und wohin gehen diese Seelen? Werden sie in innerirdischen oder überphysischen Zivilisationen aufgenommen? Übersiedeln sie in Welten, die ihrem derzeitigen evolutiven Stand entsprechen?

In inneren Erfahrungen begegnen wir auf anderen Bewusstseinsebenen schon Vertretern dieser Rassen, die sich in einem fortgeschrittenen Wissensstadium befinden und bereit sind, uns Informationen zu geben, für die wir besser vorbereitet sein müssten, als wir es sind. Gibt es denn auf Erden menschliche Rassen, die uns noch unbekannt sind, weil sie sich nicht auf der konkret-physischen Ebene befinden?

Die Geheimlehre gibt uns einen Wink in Bezug auf die Göttlichen Lehrer für die heutige Menschenrasse: "Die Menschheit und die Sterne sind aufgrund der Intelligenzen, die die Letzteren regieren, unlöslich miteinander verbunden."

Wir fragen innerlich nach: Gibt es etwa Sternenintelligenzen unter uns? - Wie wir gesehen haben, stammen laut HPB "unsere Rassen von göttlichen Rassen ab, gleichgültig, welchen Namen man diesen gibt." Vorsicht ist aber bei der Erforschung von Texten alter Weiser geboten, hauptsächlich bei zeitlichen Fragen. Heute z. B. "wenden wir das Wort Jahrhundert an, um eine Zeitspanne von 100 Jahren zu bezeichnen. Zu Platons Zeiten wurden 100000 Jahre ein Jahrtausend genannt. Statt 9000 Jahre lesen die heutigen Eingeweihten daher 900000 Jahre", sagt HPB. Dies kann einer der Gründe sein, warum es Widersprüche zwischen den Gelehrten gibt, was das Alter der Erde und der Menschheit der Erdoberfläche betrifft.

Und was ist mit den *aus sich selbst Geborenen*, ein Ausdruck, den man für alle Götter und Wesen verwendet, die durch den Willen einer Gottheit oder eines Adepten [2] geboren wurden? Vielleicht liegt

---

2 Ein Adept ist jemand, der durch seine geistige Entwicklung transzen-

darin die Erklärung dafür, warum man die Herkunft des Grafen von Saint Germain nicht kennt und die Geschichtsschreibung ebensowenig verzeichnet, wann und wie er verschwunden ist. Indessen war er in Europa sehr bekannt, denn er erschien und wirkte auf der physischen Ebene, und von 1710 bis 1822 tauchte er an verschiedenen Orten auf. In Frankreich wurde er Graf von Saint Germain genannt, in Deutschland Wonderman, in Venedig Graf Bellamore, in Dresden Prinz Rakoczy.

Angesichts so vieler noch unergründlicher Tatsachen behauptet HPB, dass "einige der großen Adepten während der Siebenten Rasse wiederkehren werden, wenn alle Irrtümer aufgelöst werden und die Ankunft der Wahrheit von jenen *Shishti* - wie die heiligen Kinder des Lichts genannt werden - verkündet werden wird."

Es gibt also noch viel zu lernen auf diesem Planeten, und unsere Verbindung mit Völkern und Zivilisationen, die sich nicht auf der physischen Ebene befinden, wird zu einer aktuellen Frage; und den vertrauenswürdigen Wesen und Gruppen wird nun die Gelegenheit geboten, neue Erkenntnisse zu erlangen. Doch der Begriff *vertrauenswürdig* schließt nach HPB ein, dass "der Studierende des Okkultismus keinem gesonderten Glauben und keiner Sekte angehören darf. Es obliegt ihm jedoch, Achtung vor allen Glaubensrichtungen und Religionen zu zeigen, wenn er danach strebt, ein Adept des Guten Gesetzes zu werden. Er darf sich nicht gefangen nehmen lassen, weder von Vorurteilen noch von sektiererischen Meinungen, welche es auch seien. Er wird sich seine Überzeugungen bilden und zu eigenen Schlussfolgerungen kommen, indem er sich der Regeln und Überprüfungsmethoden

---

dente Erkenntnisse und Fähigkeiten erreicht hat und zur Meisterschaft in der esoterischen Wissenschaft gelangt ist. Ein großer Adept wacht über den Fortschritt der Menschheit und lenkt ihn.

bedient, die ihm die esoterische Wissenschaft zur Verfügung stellt, deren Studium er sich verschrieben hat. So wird der Okkultist, wenn er z. B. dem Buddhismus folgt und Gautama Buddha für den größten je da gewesenen Adepten hält, für die Inkarnation der von jedem Egoismus freien Liebe, der unendlichen Barmherzigkeit und der reinsten Moral, auch Jesus unter dem gleichen Lichtstrahl sehen und ihn für eine andere Inkarnation der göttlichen Tugenden erklären."

✧ ✧ ✧

Es gibt gewagte Hinweise von HPB über die Zukunft. Laut Blavatsky wird es mit der Zeit "immer mehr Äther in der Luft geben; und wenn der Äther die Luft erfüllt, werden die Geschöpfe geboren werden, ohne Eltern zu benötigen. Es gibt in Virginia (USA) eine besondere Pflanzenart, die, ohne zu blühen, samenlose Früchte hervorbringt. Eine ähnliche Form der Fortpflanzung wird sich in der Zukunft nach und nach ausbreiten, zunächst auf die Tiere und dann auf die menschliche Spezies. Die Frauen werden Kinder haben ohne vorherige Befruchtung, und in der Siebenten Runde [3] werden Menschen erscheinen, die fähig sind zur Fortpflanzung nur durch sich selbst. Die Menschen werden psychischer werden und später spiritueller. Schließlich werden *Buddhas* ohne Sünde geboren werden."

Wir zitieren nun einige Andeutungen der **Geheimlehre** über neue Rassen:

---

3 Runden sind unermessliche Zeitperioden, in denen sich Globen oder Welten und "menschliche Prinzipien" in aufsteigender Ordnung entwickeln.

"Die okkulte Philosophie lehrt, dass auch heute schon vor unseren Augen die neue Rasse und die zukünftigen Rassen in Bildung begriffen sind, wobei die Umwandlung sich in Amerika vollziehen soll, wo sie in Stille schon begonnen hat." Man sieht jedoch, dass HPB sich auf unermessliche Zeitabschnitte bezieht, unkalkulierbar für den menschlichen Verstand.

"Die Sechste Rasse wird in dem Szenario unserer Runde erscheinen nach Kataklysmen, deren erste Serie einst Europa zerstören wird und später die gesamte heutige arische Rasse (auf diese Weise wird sie Nord- und Südamerika erreichen) so wie den größten Teil der Gebiete, die mit den Küsten unserer Kontinente und Inseln zusammenhängen. Wann wird das geschehen? Nur die Großen Meister der Weisheit wissen es, und die bleiben so stumm wie die verschneiten Gipfel, die sich vor ihnen erheben. Alles, was wir wissen, ist, dass die Sechste Rasse in aller Stille beginnen wird; und zwar tatsächlich so sehr in Stille, dass man Jahrtausende hindurch ihre Vorposten - die besonderen Kinder, die sich zu besonderen Männern und Frauen entwickeln werden - für abnorme *lusus naturae*, für physisch und mental abnormale Raritäten halten wird. Indem ihre Zahl immer mehr steigen wird, werden sie eines Tages die Mehrheit ausmachen. Dann wird man die heutigen Menschen für Ausnahmen halten, bis sie schließlich von den zivilisierten Ländern verschwinden werden und nur auf einigen kleinen Inselgruppen - den heutigen Berggipfeln - überleben werden, wo sie immer mehr dahinvegetieren und degenerieren werden, um sodann gänzlich auszusterben (...)"

Und HPB fährt fort:

"Dieser Prozess der Vorbereitung für die Sechste große Rasse soll während der gesamten sechsten und siebenten Unterrasse der jetzigen Fünften Rasse[4] andauern; doch die letzten noch Verbliebenen des Fünften Kontinents werden erst einige Zeit nach Geburt der neuen Rasse verschwinden: wenn sich eine neue Wohnstätte, der Sechste Kontinent, auf der Oberfläche der Erdkugel über den Wassern erheben wird, um den neuen Gast zu empfangen ... Solcherart hat die Menschheit der Neuen Welt die Aufgabe und das Karma, die Samen einer zukünftigen Rasse zu säen, größer und viel glorreicher als alle, die wir bisher kennen gelernt haben. Den Zyklen der Materie werden Zyklen der Spititualität und einer vollständigen Entwicklung des Mentalen folgen. Gemäß dem Gesetz der Analogie der Geschichte und der Rassen wird die Mehrheit der zukünftigen Menschheit aus ruhmreichen Adepten bestehen."

---

4 Jede Wurzelrasse - und es gibt sieben davon - besteht aus sieben Unterrassen.

Ein Leben der Kontakte

Laut ihren Biographen ist HPB mit Adepten verschiedener Rassen in Kontakt getreten. So kontaktierte sie Auren, die von den Energien des Aufstiegs magnetisiert waren. Sie fuhr durch Nord- und Südindien, verkehrte in Tibet, bereiste Persien, China und Ägypten und trat dabei sicherlich in Beziehung mit ätherischen und überphysischen Ebenen dieser Gebiete, die Verankerungspunkte der universellen Energie auf dem Planeten sind. Wir wissen, dass der Tourismus, selbst der spirituelle Tourismus, den physischen Teil dieser Gebiete entvitalisiert oder verseucht hat; der überphysische und unsichtbare Teil jedoch bleibt als strategischer Punkt für das grundlegende Gleichgewicht des Planeten bestehen.

Was die europäischen Nationen betrifft, erkannte HPB auch in einigen von ihnen die Existenz des Adeptentums: in Griechenland, Ungarn, Italien und England. In Südamerika gibt es laut HPB auf den inneren Ebenen eine Adepten-Loge - die wir in Ibez, in der Serra do Roncador in Zentralbrasilien, erkennen.

HPB sagt: "Die Rasse der Adepten hat gemeinsamen Ursprung mit den alten Ägyptern, und die Adepten bewahren immer noch den Ort, an dem sie leben, als unantastbares Geheimnis. Es gibt gewisse Mitglieder der Logen, die sich von Zentrum zu Zentrum bewegen und auf diese Weise ständige Kontaktlinien zwischen ihnen aufrecht erhalten."

Ein Journalist fragte sie einmal, ob die Adepten mit Hilfe der Astralkörper miteinander kommunizierten, da sie doch physisch so weit voneinander entfernt seien. "Ja", antwortete sie. "Und auch auf andere, noch höhere Weisen. Sie haben Leben und Fähigkeiten gemeinsam. In dem Maße, in dem sie spirituell aufsteigen, überwinden sie die Rassenunterschiede, und für sie gibt es nur eine einzige, allen gemeinsame Menschheit. Sie bilden eine ununterbrochene Reihe. Die Adepten sind eine Notwendigkeit in der Natur und in der Übernatur. Sie sind Bindeglieder zwischen Menschen und Göttern; doch das Wort *Götter* bezieht sich auf die Seelen großer Adepten und Meister früherer Rassen und Zeitalter usw., bis zur Schwelle des Nirvana [1]. Die Kontinuität ist ununterbrochen."

- "Und was machen sie?", fragte der Journalist.

- "Sie würden es schwer begreifen, es sei denn, Sie wären ein Adept. Aber sie tragen das spirituelle Leben der Menschheit und halten es aktiv."

- "Und wie führen sie die Seelen der Menschen?"

- "Auf vielfältige Art, aber besonders indem sie die Seelen der Menschen in der spirituellen Welt direkt unterweisen. Es ist schwierig, dies zu durchschauen, aber man kann es verstehen. In bestimmten, regelmäßigen Zeitabständen versuchen sie,

---

1 Nirvana ist ein Zustand absoluten Daseins und Bewusstseins, in den der Mensch eintritt, der während des Lebens einen hohen Grad an Vollkommenheit und Heiligkeit erlangt hat.

der Welt als ganzer eine korrekte Erkenntnis der spirituellen Angelegenheiten zu vermitteln. Sie haben Aufzeichnungen von den Leben aller Eingeweihten. Doch dies ist nicht die einzige Arbeit der Adepten. In viel kürzeren Zeitabständen entsenden sie einen Boten, der versucht, der Welt Lehren zu übermitteln."

Wie man sieht, gehört all dies nicht zur offiziellen Geschichte des Planeten. Doch gemäß einem Beobachter "wird die Geschichte im Laufe des 20. Jahrhunderts zusammenbrechen und zu Staub zerfallen, bis auf die Grundfesten vernichtet von jenen, die die Annalen schreiben." Wie wir bis heute beobachten konnten, ist dies die harte Wahrheit, die prophezeit wurde.

Es gibt jedoch auch andere Arten von Geschichtsforschern, die wir geistige Forscher nennen; diese widmen sich der Suche auf Bewusstseinsebenen, die für die große Mehrheit noch mysteriös oder unbekannt sind. HPB sagt: "Tatsächlich wird man durch die vereinten Anstrengungen dieser *Geschichtsforscher* sehr bald über das Schicksal der Ruinenstädte in Nord- und Südamerika erfahren, die tief unter ungangbaren Urwäldern begraben liegen. Die historischen Tatsachen jedoch werden dem Blick verborgen bleiben durch den undurchdringlichen Wildwuchs der modernen Hypothesen des Negativismus und des Skeptizismus. Glücklicherweise wiederholt sich die reale Geschichte ständig, da sie in Zyklen verläuft; und tote Fakten und absichtlich im Meer des Skeptizismus unserer Tage ertränkte Geschehnisse werden an die Oberfläche kommen und ein weiteres Mal in Erscheinung treten."

"Alle alten unterirdischen Bibliotheken und die riesigen Schätze, die verborgen bleiben müssen, bis das Karma erlaubt, sie der Nutzung durch den Menschen zurückzugeben, werden vor den Profanen geschützt durch die illusorische Wahrnehmung fester

Felsen, eines steinharten Bodens, eines entsetzlichen Abgrunds oder irgendeines anderen Hindernisses."

In einer subtilen Beobachtung, und immer nach dem Licht der Seele im Inneren der Forschenden suchend, sagt HPB: "Man kann die Entwicklung der Menschheit von denjenigen aus beschreiben, die für übernatürliche Wesen - Geister - gehalten werden, was Kritik hervorruft."

✧ ✧ ✧

In der Zusammenfassung des zweiten Bandes der **Geheimlehre** heißt es, dass "die esoterische Geschichte (die sich von der offiziellen unterscheidet) in den Symbolen verborgen ist. Die Sprache des Mysteriums nennt man heute Symbolik. Die religiöse und esoterische Geschichte eines jeden Volkes war in den Symbolen verwurzelt; niemals wurde sie buchstäblich - durch viele Worte - ausgedrückt. All die Gedanken und Empfindungen, alle Erkenntnis und alles Wissen, die von den ersten Rassen erworben oder ihnen offenbart worden waren, fanden bildhaften Ausdruck in Allegorien und Parabeln."

Und weiter: "Es gibt ein System, das der Menschheit von Menschen einer höher entwickelten Rasse übermittelt wurde, von einer so erhabenen Rasse, dass sie in der Augen jener kindlichen Menschheit wie *göttlich* erschien; kurz gesagt, von Wesen, die aus einer anderen Sphäre stammten."

Es war Koot Hoomi - heute Khutulli und zweite Hierarchie in Miz Tli Tlan - , der an HPB schrieb:

"Das Wissen kann nur allmählich mitgeteilt werden; und

einige der höheren Geheimnisse könnten, wenn offengelegt, ohne jeden Sinn erscheinen. Die okkulte Wissenschaft ist nicht etwas, dessen Geheimnisse auf einmal weitergegeben werden könnten, schriftlich oder gar durch mündliche Kommunikation. (...) Die Wahrheit ist: Bis der Neophyt die Voraussetzungen erlangt und einen bestimmten Grad von Erleuchtung erreicht, sind ihm viele - wenn nicht alle - Geheimnisse gar nicht mitteilbar. Die Empfangsbereitschaft muss gleich groß sein wie der Wunsch nach Unterweisung. Die Erleuchtung muss von innen kommen."

HPB fügt hinzu, dass es zunächst "darum geht, die niedrigere animalische Natur des Menschen in etwas zu verwandeln, was höher und göttlich ist. Es geht darum, das männliche und das weibliche Prinzip zu verbinden, ein Vorgang, den der Orient die Harmonisierung von *Yin* und *Yang* nennt; und diese Alchimie wird durch stille und aufopferungsvolle Arbeit verwirklicht."

Kurz, "es handelt sich um die vollkommene Harmonisierung des Göttlichen mit dem Menschlichen im Menschen, um die Anpassung seiner göttlichen Qualitäten und Bestrebungen und um die Herrschaft derselben über die irdischen und animalischen Leidenschaften. Und strebt der Einzelne nach Spiritualität, so benötigt er keine formalen Religionen."

Ein Dichter sagt, dass Wellen in unser tieferes Wesen vordringen und uns ohne unser Wissen erheben und von kleineren Angelegenheiten befreien. Seien wir uns dieser inneren und größeren Arbeit bewusst und erfüllen wir unseren Teil mit der nötigen Liebe zum Evolutiven Plan und zur Schöpfung.

✧ ✧ ✧

"Eine Einige und Universelle Gottheit ist ein Prinzip, eine fundamentale und abstrakte Idee. Es handelt sich nicht um einen persönlichen und anthropomorphen Gott, der nichts weiter ist als eine Anschauung des Menschen, entsprechend seiner Sichtweise. Es handelt sich um ein göttliches, universelles Prinzip, die Wurzel von *allem*, aus dem alles hervorgeht und in dem am Ende des großen evolutiven Zyklus alles aufgehen wird. Es ist absolut und unendlich, es ist überall, vom Atom bis zum Kosmos, sowohl sichtbar als auch unsichtbar. Es ist die geheimnisvolle Macht der Evolution und der Involution, die schöpferische Potentialität, allgegenwärtig, allmächtig und allwissend. Es ist absolutes Denken und absolute Existenz", heißt es im Glossar, das HPB der Menschheit vermacht hat[2].

"Niedere Gottheiten dagegen sind vorübergehende Personifikationen von Himmel, Himmelskörpern, Elementen, Naturkräften oder Naturerscheinungen, und allen gibt der Mensch unterschiedliche Namen. Der Einzige aber ist unbenennbar."

"Es gibt planetarische Geister[3], deren Gesamtheit das manifestierte Wort des nicht manifestierten Logos bildet. Es gibt hohe Devas (die den Erzengeln der Religionen entsprechen), einige von ihnen stehen in Beziehung mit der Sonne; diese repräsentieren das Licht, den Tag, so wie diejenigen, die mit der Finsternis in Beziehung stehen, die Nacht repräsentieren."

"Das göttliche und höchste Ich des Menschen wird innerer

---

2 H. P. Blavatsky: GLOSSÁRIO TEOSÓFICO (THEOSOPHISCHES GLOSSAR). São Paulo, Brasilien: Editora Ground.

3 Auch planetarische Götter genannt. Sie waren zuerst die Regenten und Lenker der Planeten. So wie jeder andere Himmelskörper hat auch die Erde ihre Hierarchie irdischer planetarischer Geister, von der höchsten bis zur niedrigsten Ebene. Im Okkultismus wird dieser Begriff jedoch nur auf die höchsten Hierarchien angewendet, die den Erzengeln entsprechen.

Gott genannt. Er ist das Teilchen des Universellen Geistes in uns, das im Herzen wohnt. Man nennt es den individuellen Geist, und das äußere Ich, die Persönlichkeit des Menschen, kann diese Ebene kontaktieren, jedoch nur dann, wenn es dieser Suche in seinem Leben den Vorrang gibt."

"Dieser innere Gott im Menschen befindet sich in der tiefen Stille des Wesens, jenseits aller Erscheinungen. Konzentriert der Mensch sein Bewusstsein auf einen inneren Punkt und sieht er von allem ab, was der äußeren Sinnenwelt angehört, so vermag er ihn wahrzunehmen."

"Hat der Mensch aufgehört, die Vielen zu hören, wird er den Einen vernehmen können", verkündet **Die Stimme der Stille**. "Erst dann und nicht früher wird er die Region des Falschen verlassen, um in das Reich des Wahren einzutreten."

Und sie fährt fort:

"Kämpfe mit deinen unreinen Gedanken, bevor sie dich beherrschen. Behandle sie so, wie sie dich behandeln wollen, denn wenn du sie schonst, werden sie Wurzeln schlagen und wachsen; und gib Acht: Diese Gedanken werden dich beherrschen und töten."

"Begehre nichts. Lehne dich weder gegen das Karma auf noch gegen die unveränderlichen Gesetze der Natur, sondern kämpfe nur gegen das Persönliche, das Vergängliche und das Sterbliche."

"Hilf der Natur und arbeite mit ihr zusammen, und die Natur wird dich als einen ihrer Schöpfer betrachten und wird sich gehorsam erweisen. Und sie wird dir die Tore ihrer geheimen Kammern weit öffnen und vor deinen Augen die Schätze enthüllen, die im Innersten ihres reinen und jungfräulichen Schoßes verborgen sind."

Die kosmische Spiritualität

Die kosmische Anziehungskraft, auch Kosmischer Magnet genannt, regt den Geist unendlich an. Der Kosmos wirkt durch Anziehung und sein grundlegendes Prinzip ist die Hierarchie. Daher bringt jede Bewegung der Hierarchie die kosmischen Qualitäten zur Erscheinung, und wir werden zu einem Zentralkern vollkommener Harmonie hingezogen.

Das Universum ist von Harmonie erfüllt, und Harmonie ist ein allerhöchstes Muster. Entfernt sich der Mensch von diesem Prinzip, beginnen seine Schwierigkeiten. Und wendet er sich vom Prinzip der Hierarchie ab, löst er sich auf.

Hierarchie und Harmonie fassen die kosmische Spiritualität zusammen. Ohne Harmonie werden wir labil und unfähig, mit dem Höchsten zu kommunizieren. Das gewöhnliche Bewusstsein hat kein Interesse an dieser Kommunikation, die wesentlich ist für ein schöpferisches und gesundes Leben.

Bei unseren Bemühungen um solche Kontakte mit dem Höchsten scheinen die Ergebnisse unbemerkbar. Dies geschieht, weil die Aktivitäten der höheren Energien uns nicht unmittelbar einsichtig erscheinen. Doch allein die Tatsache, dass wir diese Kommunikation versuchen, bringt uns unendliche Freude und Furchtlosigkeit. Und ohne Furcht kommen wir dem Licht näher.

Licht ist Verständnis, höheres Verständnis.

Das Licht ist der Menschheit zugesichert, doch meist nimmt die Menschheit es nicht an. Und der Kosmos vermehrt das Licht - wie auch sein Angebot an den Menschen - bis ins Unendliche. Ohne das Licht hat der Mensch keinen Zugang zu den subtileren, dem Zentrum der kosmischen Spiritualität näher liegenden Lebensströmen.

Licht ist notwendig, damit wir die unsichtbaren Kräfte erkennen, die mächtiger sind als die sichtbaren. Das Neue ist noch unsichtbar für diese Menschheit, aber es ist hoch an der Zeit, es wahrzunehmen. Wenn wir nicht beginnen, die fernen Welten etwa wahrzunehmen, und wenn die inneren Welten uns unzugänglich bleiben, werden wir hier auf der Ebene der Formen nichts vom Kosmos verstehen können. Indem wir auf das irdische Bewusstsein beschränkt bleiben, versäumen wir es, die erlösende Energie aufzunehmen, die uns zu anderen Bewusstseinsebenen, jenseits der planetarischen Grenzen, hinzieht. Diesen Weg gehen wir jetzt langsam, obwohl wir als Bewusstsein schon geübt sein könnten, neue Formen und Energien zu erleben. Innere und ferne Welten können sehr deutlich wahrgenommen werden, aber wir müssen uns der Beobachtung unseres Inneren widmen und auf diesem Weg zum Inneren des Universums gelangen, wo wir die höhere Synthese finden werden, derer wir bedürfen.

Dies ist der Weg, der unser gewöhnliches Dasein verwandeln wird.

✧ ✧ ✧

Einer der Gründe, warum die Erde krank ist, ist auf die Tatsache zurückzuführen, dass das Licht und die Energiestrahlen von bestimmten Planeten nicht in ihre Aura eindringen können. "Worauf wird der Mensch reduziert werden", fragt Morya, ein Meister des großen Yoga, "wenn er die Kommunion mit dem höheren Bewusstsein aufgibt und in die niedere Unwissenheit eintaucht? Indem die Menschen das Verständnis der höheren Welten verlieren, entfernen sie sich vom Bewusstsein der Vervollkommnung."

Die Struktur des Staates und die organisierten Religionen führen die Menschen nicht zu dieser Sicht der Dinge. Im Gegenteil, sie ersetzen ständig das Übernatürliche durch das, was es an Konkretestem gibt, und nehmen so dem spirituellen Leben, das im Alltag praktiziert werden sollte, seine Schönheit und seine Weite.

Und dennoch wächst ein neues Bewusstsein, das - wenngleich noch unerfahren - wagemutig ist und das alte Denken allmählich auflöst. Diejenigen, die sich noch auf Personen und mentale Formen der Vergangenheit stützen, befinden sich in einer ausweglosen Situation, und ihre subtilen Körper versäumen es, während des Schlafes oder in den Augenblicken des inneren Kontakts Raumflüge zu erproben und in das innere Bewusstsein des Planeten einzutauchen.

Jahrhunderte hindurch haben wir Gewohnheiten und Sitten angehäuft - das hat unser Denken stark verdichtet. Und es werden sogar physische Modifikationen nötig sein, damit die begrifflichen Ablagerungen, die in der Menschheit existieren, sich ändern können. Drastische Änderungen sind also notwendig in unserem physischen Leben und noch drastischere in der physischen Wirklichkeit der Oberfläche des Planeten.

Unsere inneren Kontakte werden durch Gemütsschwankungen und die Konzentrationsschwäche beeinträchtigt. Die persönlichen Verpflichtungen überwiegen, und nicht alle Menschen verschaffen sich die für die Kommunikation mit den inneren Ebenen des Lebens und des eigenen Wesens notwendige Zeit.

Die Suche nach direkter Erkenntnis, die uns zur höheren Spiritualität führt, erfordert das Streben danach, diese zu erreichen und diesem Ziel den Vorrang zu geben. Ohne die höhere Spiritualität als Ziel kann man nur sehr wenig auf dem aufsteigenden Weg erreichen. Es ist bekannt, dass nur die Besten und Schlichtesten sich der Pflege dieses Strebens widmen. Wer jedoch im mittelmäßigen menschlichen Bewusstsein lebt, ohne sich dabei zu beunruhigen, wird letztlich von den Vorurteilen erfasst, und das alltägliche und konventionelle Leben tötet die zarten Impulse der Seele und des Geistes.

Ein wichtiger Schlüssel innerhalb der Spiritualität ist, nicht nur die Mußestunden der Suche nach Syntonie mit dem Höchsten zu widmen, sondern tatsächlich unser ganzes Leben mit diesem Streben zu erfüllen.

Eine Geschichte des Yoga erzählt uns, dass der Geist der Finsternis dachte: "Wie kann man die Menschheit stärker an die Erde binden? Dadurch, dass die Gewohnheiten und Sitten erhalten bleiben. Nichts bindet die Menschheit so sehr an die allgemein verbreiteten Bilder." Und dafür arbeitet die Finsternis unermüdlich.

Aber worauf soll man seinen Willen richten, der etwas so Mächtiges ist und den meisten Menschen unbekannt, und wo soll man sein Denken und Streben einsetzen? Wenn wir uns auf unser Inneres konzentrieren, sollten wir gleichzeitig lernen, uns an den unendlichen Raum, an höhere Welten und Wesen zu richten, die unsere jetzige Stufe schon überwunden haben und auf das kleinste Zeichen warten, um sich mit uns zu verbinden und uns in den Dingen des Universums zu unterrichten.

Im Band II der **Geheimlehre** wird ein Gesetz der okkulten und universellen Dynamik offenbart: "Eine auf der spirituellen Ebene entwickelte Energiemenge erzeugt viel größere Wirkungen als dieselbe Menge, wenn sie auf der physischen Ebene des objektiven Daseins angewendet wird."

Und alles deutet darauf hin, dass es dem Menschen möglich ist, auf jener Ebene zu wirken.

Das theosophische Wissen
für die zukünftige Rasse

Um die Zukunft zu bekräftigen, bedarf es der Energie des Kriegers. Und indem man die Zukunft bekräftigt, steigert sich die Fähigkeit, sie zu erbauen. Es ist notwendig, in dieser Syntonie zu sein, zumal Hindernisse auftauchen in dem Maße unseres Strebens - zieht doch dieses auch entgegengesetzte Willenspartikel an. Dazu heißt es: "Erhöht ein Schiff seine Geschwindigkeit, dann wird auch der Widerstand der Wellen größer." Es ist jedoch, wie wir wissen, der lebendig gehaltene Brennpunkt im Herzen, der nicht zulässt, dass man unter der Last der Umstände zusammenbricht. "Fordert den Ozean heraus. Die riesigen Wogen werden euch Freude bringen", sagen die Gesetzestexte des Yoga.

Wenn es darum geht, die Methoden der künftigen Rasse kennen zu lernen, sollte man bedenken, dass jede Epoche ihre eigenen Methoden hervorbringt. In den alten Methoden zu suchen "ist wie nach des Großvaters Stiefeln zu suchen", sagen die Lehrer - was weder Verachtung für das uns von der Vergangenheit Vermachte bedeutet, noch, dass es keine wichtigen Synthesen zu machen gibt, die Daten aus der Vergangenheit einschließen können, wenn sie entsprechend geprüft wurden.

Betrachten wir einige Schlüssel für unsere Vorbereitung als Rassen der Zukunft:

1. Die Angst beseitigen, die die richtige Einstellung während des Handelns verhindert.

2. Die Stille pflegen; sie ist die Atmosphäre, die in der inneren Welt bewahrt werden muss.

3. Quantität und Qualität der eigenen Last unterscheiden und das Nutzlose wegwerfen.

4. Niemandem etwas versprechen, wer immer es sei.

5. Wenige Gegenstände besitzen, nur die notwendigen.

6. Niemals die Lehre verkaufen, sie ist für das allgemeine Wohl bestimmt.

7. Die Listigkeit auflösen, die ein Synonym für Abwehr ist, und den Erfindergeist pflegen, der eine Bewegung der Hingabe darstellt.

8. Niemals eine Belohnung erwarten.

9. Wissen, dass die höchste Erfahrung jene in Bezug auf sich selbst ist: die der Hingabe des eigenen Geistes zum Wohle der Menschheit.

10. Den eigenen Verstand nur als Instrument der Gedankenführung verwenden, im Wissen, dass die direkte Erkenntnis in der Weisheit des Höheren Ich liegt, welche SYNTHESE ist.

Lässt man die eigenen Erinnerungen los, so beginnt man mit größerer Freiheit nach dem Bewusstsein der Neuen Erde zu suchen. Wir finden dann allmählich ein Prinzip der Einheit; wir sehen die alte Welt in allen Erdteilen und sehen zugleich, wie überall die neue Welt geboren wird, unabhängig von den in den jeweiligen Ländern herrschenden Bedingungen und jenseits aller Grenzen. Die neue Welt unterscheidet sich von der alten durch das Bewusstsein und nicht durch äußere Erscheinungen. Alter, Herkunft, Nationalität, all das verliert seine Bedeutung.

Und wie schon gesagt - aber wir müssen es wiederholen - , das Beherrschen der Angst ist eine echte Schwelle zum neuen Bewusstsein. Wer nach der Zukunft strebt, gibt jeden Zug der Vergangenheit in seinem Temperament auf, weil er erkennt, welche zusätzliche Last er darstellt. Und die Angst hatte ihren Ursprung in der fernen Vergangenheit des Menschen und begleitet ihn bis heute.

Jede wahre Gruppentätigkeit verringert die Ängste und entspricht einer Zunahme von Kräften: Gruppen von zwölf Personen, die wirklich vereint sind, können große Ereignisse bewirken. Man dränge jedoch nicht darauf, die Gruppen zu vergrößern, denn eine Erweiterung könnte sie schwächen, indem sie die Dynamik ihrer Bildung stört. Gelangen andere karmische Voraussetzungen in die Gruppen, können sie deren Arbeitszusammenhänge verändern und die Wirksamkeit vermindern. Es geht darum, unerwünschte Präsenzen in den gut gebildeten Gruppen zu vermeiden, und vor allem sollte jedes Mitglied versuchen, alte Rechnungen im eigenen Leben zu begleichen, um das Karma zu vereinfachen.

Gute Absichten ohne explizites Handeln schränken den Menschen ein und verhindern den Kontakt mit Energieströmungen, die vielleicht schon von fernen und inneren Welten ausstrahlen. Man weiß, dass die Energie der fernen Welten unsere materiellen Körper erst in nächster Zukunft erreichen wird, doch wir müssen uns vorbereiten, um sie nach und nach aufzunehmen. Das ist unerlässlich, um ein wirklich neues und stimmiges Handeln zu praktizieren.

Sehr gefestigte Gruppen geben jedem Mitarbeiter die nötigen Elemente, damit nicht die zur Arbeit für den Plan bestimmten Kräfte vergeudet werden und die Mitarbeiter sich nicht so sehr mit ihren physischen Bedürfnissen beschäftigen. Gegenstände, die keinen unmittelbaren Nutzen für ein bestimmtes Mitglied haben, sollen der Gruppe zur Verfügung gestellt werden, doch selbstverständlich ohne Auren und Schwingungen zu vermischen.

In den künftigen Rassen wird man niemals an Spezialisierungen denken. Ein auf etwas spezialisiertes Wesen ist zwar befähigt, aber für die Bedingungen dieser Erde, was Reinkarnationen verursacht. Der Geist beschäftigt sich mit anderen Sphären; er beschäftigt sich mit dem Wachstum der Seelenenergie, die sich den Weg zum Unsichtbaren bahnt.

Auch wenn in vielen Fällen technologische Perfektionierung notwendig ist, ist das Wesentliche, das Denken zu verfeinern. Dies wird einst das Bewusstsein vieler beeinflussen. "Jeder bewusste Gedanke sucht das zukünftige Ziel der Evolution", sagen die Meister - und: "Die Lehre erzwingt die Annäherung nicht, sondern sie weist den Weg."

"Ein tiefes Bewusstwerden der Zukunft ist nötig. Die Arbeit endet nicht bei den vorbestimmten Aufgaben, sondern sie geht endlos weiter. Das Unendliche zu offenbaren, ist die schönste Bestrebung", orientieren uns die Meister sehr klar.

Wie wir durch diese Texte sehen können, waren HPBs Lehrer stets genau, und als sie Unterweisungen wie diese der

Öffentlichkeit übergaben, damit sie allen bekannt würden, schrieben sie, dass es "die Einsamkeit des Geistes ist, die die Ahnung der zukünftigen Formen hervorbringt." Doch wer sucht tatsächlich eine Einsamkeit, die sich nicht auf Abgrenzung oder auf das Vermeiden, in einer Gruppe zu sein, bezieht, sondern ein gemeinschaftliches Handeln mit einschließt?

✧ ✧ ✧

Die nächste Rasse wird durch die spirituelle Entwicklung, durch den Erwerb des sechsten Sinnes, d. h. die astralische Hellsichtigkeit, und durch ihre humanitären Bestrebungen gekennzeichnet sein. Sie wird den Kontinent *Zâha* bewohnen, der an der Stelle auftauchen wird, wo sich heute Nordamerika befindet, das laut HPB durch Erdbeben und vulkanisches Feuer zerstört werden wird.

Erinnern wir uns an dieser Stelle daran, dass, wenn wir von künftigen Zeiten sprechen, wir uns in die Realzeit versetzen, die nicht die materielle Zeit - die der Uhren - ist, sondern das Resultat einer großen Transformation im Denken des Menschen: Dieser wird dann imstande sein, eine *ewige Gegenwart* zu begreifen - ohne Vergangenheit und Zukunft.

Die letzte Rasse wird sodann durch die vollständige spirituelle Entwicklung, durch den Erwerb des siebten Sinnes, d. h. die mentale Hellsichtigkeit, und durch die volle Erkenntnis der Einheit gekennzeichnet sein. Sie wird auf dem siebten Kontinent, *Puchkara* genannt, aufblühen, dessen Zentrum in dem Bereich liegen wird, den wir heute Südamerika nennen.

Solange im menschlichen Denken all dies in der materiellen Zeit der Uhren verläuft, können wir vermuten, dass die heutige menschliche Rasse (die Fünfte) seit 1000000 Jahren existiert und als Hauptziel die Entwicklung des Mentalen hat. Indem sie sich in sieben Unterrassen entwickelt und jede Unterrasse 210000 Jahre dauert, wird diese Rasse noch eine unermessliche Zeit leben. Doch wenn in unserem Bewusstsein all dies in der *ewigen Gegenwart* stattfindet, dann existieren wohl alle Rassen schon - andernfalls könnte kein Hellseher ein so umfassendes Bild wahrnehmen.

Geht es darum, dass wir lernen, in der Gegenwart zu bleiben, der einzigen Realzeit?

Und gibt es heute vielleicht schon jemand, der dies als Pionier lebt? Anscheinend ja.

Neue dharmische Muster nach der planetarischen Reinigung

Der Dharma ist das Heilige Gesetz, aber laut HPB ist er auch die "innere Natur, die in jedem Menschen durch die von ihm erlangte Entwicklungsstufe gekennzeichnet ist." Er wird auch als "das Gesetz" angesehen, "das die Entwicklung in der nachfolgenden Periode bestimmt." Im weitesten Sinne des Wortes ist Dharma "das, was das äußere Leben durch Gedanken, Worte und Handlungen gestaltet." Doch der Dharma ist nicht etwas Äußeres wie die Tugend, die Religion, die Justiz oder das normale Gesetz der Welt selbst. "Er ist das Gesetz des Lebens, das sich zeigt und alles gestaltet, was außerhalb von ihm ist." Man hat dem Wort "Dharma" immer viele Bedeutungen zugeschrieben, wir wollen aber nur einige davon hervorheben, um sie zu vertiefen.

Das Verhalten hat also Einfluss auf den Dharma, und jeden Augenblick kann sich vieles ändern. Ist das Denken frei, so wird es Verbindungen suchen und Muster bilden, welche die Materie auf andere Ebenen erheben werden. Die Tiere, unsere jüngeren

Geschwister, sind sich der Folgen ihrer Handlungen nicht bewusst; der Mensch aber wird, wenn er den Willen hat zu ERKENNEN, ein außergewöhnliches Verständnis erreichen und dadurch eine tiefe Freude empfinden. Hat er dieses Verständnis erlangt und hält er das höhere Streben aufrecht, so wird ihn der Dharma zur bewussten Zusammenarbeit mit höheren, für die meisten noch fernen Welten führen. So wird sich die Menschheit, dem Dharma entsprechend, reicher und fähiger fühlen, die Konsequenzen ihres Alltags richtig abzuschätzen.

Wer die eigenen Kenntnisse als unbedeutend erachtet und nicht mit der allgemeinen Mentalität der Menschen geht, befindet sich auf einem günstigen dharmischen Weg. In diesem Crescendo beginnt man, der irdischen Vererbung keine Bedeutung mehr beizumessen und sich ständig zu erneuern. Einer der großen Lehrer HPBs sagt uns im **Agni Yoga** [1] , dass es darum geht, "dem Sturm, der die vorangegangenen Arbeiten mit sich genommen hat, zuzulächeln; die Fähigkeit der Verleumdung zu verlieren; das Streben auf der Suche nach dem unsichtbaren Höchsten zu intensivieren; nicht gemeinsame Sache zu machen mit den Verrätern der Wahrheit." Außerdem geht es darum, "sich mit dem *reinen* Denken einzuhüllen, das eine unüberwindliche Aura bildet."

In diesem Dharma ändert sich der Zweck der eigenen Arbeit und die eigene Erkenntnis erhöht sich. "Jeder bewusste Gedanke sucht das zukünftige Ziel der Evolution; und spürt man die Richtung, so wird die gesunde Vernunft versuchen, sich schneller dem richtigen Weg zu nähern." Die Lehre zwingt aber nicht zur Annäherung: Sie weist nur den Weg und lässt uns frei, ihn anzuerkennen oder nicht.

---

1 Agni Yoga: Agni Yoga Society, New York.

Wir sollen uns jedoch immer an den Begriff der "Verfeinerung" erinnern. Sich-Verfeinern führt zu spirituellem Wachstum. Doch die Selbstverfeinerung geht langsam vor sich und beginnt mit der Intention und dem richtigen Denken. Das richtige Denken weiht uns und führt uns zu einer höheren Evolution. Und das tägliche Leben wird in diesem Dharma reich und wertvoll.

Auch die Lehre muss ständig neu überprüft werden, damit sie sich erweitern und erneuern kann, damit sie möglichst nahe an unseren Handlungen sein kann. "Wer nicht fürchtet, das Licht zu sehen, hat Adleraugen", lautet die Lehre im Agni Yoga. "Wer nicht fürchtet, ins Feuer einzutreten, ist feuriger Herkunft. Wer das Unsichtbare nicht fürchtet, kann die Finsternis durchqueren. Indem wir etwas verlieren, befreien wir uns von den Leidenschaften." Und nachdrücklich wiederholt die Lehre mit anderen Worten: "Alle Handlungen müssen durchdrungen sein vom reinigenden, feurigen Streben."

Eine angemessene Disziplin, welche die anderen nicht angreift und wenig Aufmerksamkeit erregt, ist heute notwendiger denn je. Es geht jedoch um eine Disziplin voll Freude und Sinn für Verantwortung. Mit ihr sind die Türen offen für größere Schritte. Doch "wehe dem, der die Samen der Welt im eigenen Garten ausgestreut hat - denn die Freude ist für den bestimmt, der jedes Samenkorn des Verständnisses für das allgemeine Wohl hingegeben hat." Dies ist der Aufruf an all jene, die entschieden haben, dem Planeten zu dienen. Und dies ist ein Prinzip, um den Dienst innerhalb des Spirituellen Gesetzes zu leben.

So ausgedehnt ist die evolutive Arbeit auf diesem Planeten, dass alle möglichen Kräfte benötigt werden und vereint werden sollen. Alle ohne Ausnahme können Erbauer der Zukunft sein - es gibt Arbeit für alle, auf jeder Fähigkeitsstufe und für jede Art von Intention. Die Menschheit findet Zeit und Lust für so viele erniedrigende Arbeiten, doch es ist an der Zeit, dies zu ändern und sich der würdigen Arbeit zu widmen.

Wir alle wissen, dass die Pläne der Neuen Erde und der Neuen Menschheit fast ausschließlich einfache Seelen ansprechen. Die Lehre betont, dass "man am Vorabend einer Katastrophe versucht hat, die Leute aus einer Arena der Vergnügungen herauszuführen. Die Menschen haben diese Arena nicht nur nicht verlassen, sondern viel mehr noch haben Zutritt gesucht."

Dies ist die normale Wirklichkeit, und vor ihr stehen jene, die sich der Erziehung widmen oder an der Aufgabe beteiligen, die Seelen zu befreien. Aus Sachkenntnis jedoch wird gesagt, dass es der einsame Geist ist, der die zukünftigen Lebensformen hervorbringen wird. Es soll uns also nicht befremden, wenn wir uns alleine vorfinden. Doch warum weichen so viele dem Unbekannten, dem Ungewöhnlichen aus? Ist es nicht vielleicht, weil sie in den Schulen angespornt werden, wie die Mehrheit zu leben?

Neue Denkweisen erscheinen mit dem Streben: mit dem Streben derer, die das Unbekannte lieben. "Es gibt wenig Hoffnung in Bezug auf die Massen, doch der Stein des fernen Sternes bringt die einsame Botschaft", sagen die Lehrer HPBs im Agni Yoga. Die Meister und Lehrer haben die Zukunft immer mit der Kraft ihres Denkens erschaffen und nicht auf der Basis des Bewusstseins der Massen.

❖   ❖   ❖

Der Mensch muss die Stufe überwinden, auf der er das, was er weiß, nur für die *eigene* Zukunft verwendet. Der Mensch verbraucht die Gaben noch *für sich selbst* und reduziert so die Welt auf das eigene *Ich*. Diese Einschränkung zerstört die meisten Möglichkeiten, die das Leben bietet.

Weltweite Aufgaben rücken kaum ins Bewusstsein und werden sehr selten unter Beteiligung großer Menschengruppen verwirklicht. Es ist jedoch überflüssig, pessimistisch zu sein in der heutigen Zeit; vielmehr geht es darum, unsere Werte für die Zukunft auszusäen. Auf diese Weise werden wir schon jetzt eine neue Wirklichkeit errichten. Jede gelebte Stunde, jeder richtig gesetzte Schritt kann jetzt schon Aufbauarbeit leisten für die Zeit nach der allgemeinen Reinigung des Planeten. Da die Entwicklung der Menschheit von kosmischen Prozessen nicht zu trennen ist, muss gemäß einem bestimmten Gesetz während dieser Übergangsperiode ein neues Verständnis geschaffen werden, so dunkel diese Zeit auch scheinen mag.

Nach der Nacht kommt schließlich doch die Morgenröte, und bei Anbruch des neuen Tages können wir bewusst in allen Körpern und mit den Kräften der Seele leben.

So wie man das alte Gebäude abreißt, um ein neues zu errichten, so wird der Raum, wenn alles zusammengebrochen ist, frei sein für das Neue Leben. In diesem Sinne betrachten wir die derzeitige Zerstörung der Werte als Vorboten eines Neuaufbaus.

Dieses Verständnis der immerwährenden Ströme der Energie ist für uns der Anfang, um nach und nach auch die kosmischen Ströme zu verstehen. Aber wir müssen danach streben.

Und die Lehrer haben uns den Unterschied zwischen Erwartung und Streben gezeigt: "In der Erwartung gibt es immer eine Zeit der Untätigkeit, während das Streben stets ein Flug in die Zukunft ist. Dieser Unterschied kann nur von jemandem wahrgenommen werden, der mit dem Verlauf seines jetzigen Lebens nicht zufrieden ist und über den ununterbrochenen Verlauf des Daseins auf anderen Planeten nachdenkt" - an dem teilzunehmen wir in irgendeiner Form bestrebt sein können.

Kleine Bruchstücke der Großen Stille [1]

"Suche nach dem Pfad. Doch reinige das Herz, bevor du dich auf den Weg machst. Vor dem ersten Schritt lerne das Wirkliche vom Falschen zu unterscheiden und das Dauerhafte vom Flüchtigen. Lerne vor allem die Verstandesgelehrtheit von der Weisheit der Seele zu unterscheiden."

"Selbst die Unwissenheit ist besser als eine Verstandesgelehrtheit, die nicht von der Weisheit der Seele erleuchtet und geführt wird. Der Verstand ist wie ein Spiegel: Er verstaubt, während er reflektiert. Trachte danach, Verstand und Seele zu verschmelzen."

"Sieh dich vor, denn du wirst allein reisen müssen. Der Lehrer kann nur den Weg anzeigen. Der Pfad ist für alle derselbe; doch die Mittel, um das Ziel zu erreichen, sind so verschieden wie

---

1 Frei angeordnete Abschnitte aus dem Buch A VOZ DO SILÊNCIO (DIE STIMME DER STILLE) von H. P. Blavatsky.

die Wanderer. Der raue Pfad windet sich bergauf. Dreimal groß ist derjenige, der den höchsten Gipfel erklimmt."

"Du musst dir den Weg bahnen durch Festungen, bewacht von grausamen und verschlagenen Mächten - den verkörperten Leidenschaften. Lass die Sinne nicht zum Spielplatz des Verstandes werden."

"Lehrer gibt es viele; doch die Meister-Seele (Universalseele) ist nur eine. Lebe in diesem Meister, wie Sein Strahl in dir lebt. Lebe in deinem Nächsten, wie dein Nächster in Ihm lebt."

✧   ✧   ✧

"Sieben sind die Pforten zu Erkenntnis und Weisheit:

1. Barmherzigkeit und unsterbliche Liebe.

2. Harmonie in Wort und Tat (sie macht das ausgleichende Wirken des Karma überflüssig).

3. Sanfte Geduld, die durch nichts zu erschüttern ist.

4. Gleichmut gegenüber Freude und Schmerz, Überwindung der Illusion, Wahrnehmung der Wirklichkeit.

5. Unerschütterliche Energie, die sich den Weg bahnt von der Lüge zur Höchsten Wahrheit.

6. Fortwährende Kontemplation.

7. Wahrnehmung."

"Lerne, dass keine Bemühung, so gering sie auch sei - ob in richtiger oder falscher Richtung - , aus der Welt der Ursachen verschwinden kann. Sogar verflüchtigter Rauch hinterlässt Spuren.

Ein in vergangenen Leben ausgesprochenes hartes Wort verliert sich nicht, sondern lebt immer wieder auf. Der Pfefferstrauch bringt keine Rosen hervor, und auch der Silberstern des Jasmin verwandelt sich nicht in Dornen oder Disteln."

"Du kannst heute deine Möglichkeiten von morgen erschaffen. Auf der Großen Reise bringen all die Ursachen, die laufend ausgesät werden, ihre Wirkungen als Ernte hervor."

"Aus der Knospe des Verzichts auf das kleine Ich wird die süße Frucht der endgültigen Befreiung geboren. Der Wanderer, der seine Glieder im strömenden Wasser erfrischen möchte, aber sie aus Angst vor der Strömung nicht hineinzutauchen wagt, läuft Gefahr, der Hitze zu erliegen."

"Untätigkeit aus egoistischer Furcht kann nur üble Früchte tragen. Der Mensch, der die ihm im Leben gestellte Aufgabe nicht erfüllt, lebt umsonst."

"Folge dem Rad der Pflicht gegenüber Rasse und Familie, Freund und Feind, und mach dich unempfindlich gegen Freude und Schmerz."

"Hast du dein Wesen mit dem großen Schmerz der Menschheit eingestimmt, o Lichtanwärter?"

"Für das Wohl der Menschheit zu leben, ist der erste Schritt. Der zweite ist, die sechs glorreichen Tugenden auszuüben: Nächstenliebe, Sittlichkeit, Geduld, Tatkraft, Kontemplation, Weisheit. Die Glückseligkeit des Nirvana zu erreichen und auf sie zu verzichten, ist der höchste, der letzte Schritt - der erhabenste auf dem Pfad der Entsagung."

❖   ❖   ❖

"Die Letzten werden die Größten sein. Der Meister der Vollkommenheit hat sein Ich aufgegeben für die Erlösung der Welt, indem er an der Schwelle des Zustands der Makellosigkeit stehen blieb."

"Süß sind die Früchte der Ruhe und der Befreiung aus Selbstliebe; doch süßer noch sind die Früchte der langen und beschwerlichen Pflichterfüllung: die Entsagung aus Liebe zu den anderen, den leidenden Mitmenschen."

"Misstraue den Sinnen. Meide das Lob. Lob führt zu Selbsttäuschung. Wende dein Antlitz ab von den Entäuschungen der Welt."

"Die Devotion vermag das Wissen wiederzubringen, das du in früheren Geburten besaßest."

"Gib dem müden Wanderer Licht und Stärkung. Suche den, der weniger weiß als du, der in seiner erbärmlichen Verlassenheit nach dem Brot der Weisheit hungert - ihn, der ohne Lehrer, Hoffnung und Trost ist, bringe dazu, das Gesetz zu hören."

"Die Vollkommenheit mag fern, sehr fern erscheinen, doch der Wanderer hat den ersten Schritt getan. Er ist in den Strom eingetreten, und vielleicht kann er den Blick des Bergadlers, das Gehör des scheuen Rehs erlangen."

"Kannst du nicht Sonne sein, dann sei ein bescheidener Planet. Zeige den Weg - wenn auch noch so undeutlich und verloren unter der Menge der Gestirne - , so wie der Abendstern es für diejenigen tut, die ihren Pfad im Dunkeln gehen."

"Sei bescheiden, wenn du Weisheit erlangen willst. Sei noch bescheidener, wenn du dich der Weisheit bemächtigst. Sei wie der

Ozean, der alle Ströme und Bäche in sich aufnimmt. Seine unermessliche Ruhe bleibt unbewegt, er verspürt sie nicht."

"Selbstgefälligkeit gleicht einem hohen Turm, auf den ein hochmütiger Narr gestiegen ist. Die Hochmütigen wiederholen stolz: 'Seht, ich weiß.' Die Demütigen bekennen leise: 'Das habe ich gehört.'"

"Wahres Wissen ist das Mehl, falsche Gelehrtheit die Spreu."

"Die Lampe strahlt hell, wenn Docht und Öl rein sind. Die Flamme spürt den Vorgang der Reinigung nicht."

"Es ist notwendig, Selbsterkenntnis zu erlangen, und Selbsterkenntnis ist das Kind liebevoller Taten."

"Habe Ausdauer wie einer, der ewig durchhalten muss."

"Nimm die Geburtsschmerzen auf dich."

"Tritt aus dem Sonnenlicht in den Schatten, um Platz für die anderen zu schaffen."

"Gib Acht auf das Niedere, damit es das Höhere nicht verunreinige."

"Ehe du auf dem Pfad der Erkenntnis zu Hause bist und ihn dein eigen nennst, und wenn du Gut und Böse überwinden willst, muss deine Seele wie die Mangofrucht werden: weich und süß wie ihr goldenes Fleisch für die Schmerzen und Ängste der anderen, hart wie ihr Kern gegenüber deinen eigenen Schmerzen und Ängsten."

"Mach deine Seele unempfindlich für die Listen des Ich; lass sie den Namen *Diamant-Seele* verdienen. So wie ein tief im pochenden Herzen der Erde vergrabener Diamant niemals die Lichter der Erdoberfläche widerspiegelt, so dürfen auch Seele und Denken, die sich in den Erkenntnisweg versenkt haben, nichts aus dem Reich der Illusionen widerspiegeln."

"Hüte dich vor Unbeständigkeit, denn sie ist dein großer Feind. Gewinnt sie die Oberhand, so wird sie dich vom Pfad werfen und tief in die Sümpfe des Zweifels stoßen. Bereite dich vor und triff zeitgerecht Vorsorge. Hast du versucht durchzuhalten, bist aber gescheitert, dann verlier den Mut nicht: Kämpfe weiter und fang immer wieder neu an."

"Erinnere dich, der du für die Befreiung des Menschen kämpfst: Jedes Scheitern ist ein Erfolg, und jeder ehrliche Versuch findet zur rechten Zeit seinen Lohn. Heilige Samen keimen und wachsen unsichtbar in der Seele des Schülers. Ihre Halme werden kräftiger mit jeder Prüfung. Sie biegen sich wie Schilfrohr, doch brechen sie nicht, noch können sie jemals zugrunde gehen. Wenn die Stunde schlägt, werden sie aufblühen."

"Kamst du richtig vorbereitet, so fürchte nichts. Furcht tötet den Willen und lähmt jedes Handeln."

"Schreite festen Schrittes voran. Bade deine Seele in der Essenz der Geduld. Ängstige dich nicht. Die Gewohnheit der Angst lässt den Schlüssel rosten, und ein rostiger Schlüssel öffnet das Schloss nicht. Je weiter du fortschreitest, umso mehr Fallen warten auf dich."

"Der weiterführende Pfad wird durch eine einzige Flamme erleuchtet: durch den Wagemut, der im Herzen brennt. Je mehr du wagst, umso mehr wirst du gewinnen. Fürchtest du dich, so wird das Licht blasser werden - und allein das Licht kann dich führen.”

“Bereite dich vor auf die Pforte der Versuchungen, die den inneren Menschen verstricken. Wenn du siegen willst auf dem Weg der Tugend, musst du dein Denken und deine Wahrnehmungen mehr denn je freihalten von kurzlebiger Tätigkeit.”

“Willst du, dass die schwer errungene Weisheit himmlischen Ursprungs wie süßes Wasser ströme, dann lass nicht zu, dass sie sich in einen stagnierenden See verwandelt. Gieße das errungene Licht aus über den gesamten Bereich der drei Welten: der irdischen, der astralischen und der spirituellen. Die Flut übermenschlicher Erkenntnisse, die du gewonnen hast, muss von dir in andere Betten geleitet werden. Diese reinen und frischen Wasser sollen dazu dienen, die bitteren Wogen des gewaltigen Meeres an Leid, bestehend aus Menschentränen, zu mildern. Gib allen Licht, doch nimm es von keinem.”

“Werde so wie der reine Schnee in den Bergtälern, kalt und unempfindlich gegen Berührung, warm und schützend für den Samen, der tief unter seiner Decke ruht. Dieser Schnee muss den beißenden Frost und die Stürme aus dem Norden in Empfang nehmen und so die Erde vor ihren scharfen Zähnen in Schutz nehmen; die Erde, die die verheißene Ernte bewahrt, die den Hungernden Brot geben wird.”

“Ruhig und gleichmütig gleitet der Wanderer dahin. Er weiß, je mehr seine Füße bluten, umso reiner und weißer wird er gewaschen.”

“Das Göttliche Mitleid ist das GESETZ der Gesetze - immerwährende Harmonie, universelle Essenz, Licht der ewigen

Gerechtigkeit, Gleichgewicht aller Dinge, ewige Liebe. Je mehr du mit diesem Gesetz eins wirst, je mehr dein Wesen mit ihm verschmilzt, umso mehr wird deine Seele sich mit dem vereinen, was ist, umso mehr wirst du selbst absolutes Mitleid werden."

"Jetzt neige dein Haupt und höre gut zu. Das Göttliche Mitleid spricht: 'Kann es Glückseligkeit geben, solange alles Lebende leiden muss? Willst du dich retten, während du die ganze Welt weinen hörst?'"

"Du weißt jetzt Bescheid - wähle deinen Weg."

❖ ❖ ❖

"Du musst dich erfüllen mit der reinen Universalseele, eins werden mit dem Seelen-Gedanken der Natur. Mit ihm vereint, bist du unüberwindlich; getrennt von ihm, verwandelst du dich in ein Spielfeld der relativen Wahrheit, des Ursprungs aller Illusionen der Welt."

"Alles ist vergänglich am Menschen außer der reinen, strahlenden Essenz der Universalseele."

"Eine viel schwierigere Aufgabe erwartet dich: Du musst dich selbst als All-Gedanke empfinden und dennoch alle Gedanken aus der Seele verbannen."

"Du musst jene dauerhafte Konzentriertheit des Denkens erreichen, der keine Brise oder Wind, so kräftig sie auch seien, irgendeinen irdischen Gedanken einflüstern kann. So gereinigt, muss dein Heiligtum völlig leer sein von allem irdischen Tun, Laut oder Licht."

"Es steht geschrieben in der **Bhagavad-Gita**: 'Ehe die goldene Flamme kraftvoll brennen und leuchten kann, muss die Lampe wohlbehütet an einem Ort stehen, der frei ist von jedem Windhauch. Der wechselnden Brise ausgesetzt, werden die Lichtstrahlen zittern, und das flackernde Feuer wird trügerische, dunkle und unstete Schatten auf das weiße Heiligtum der Seele werfen.'"

Und HPBs Lehrer fahren fort:

"Sei Herr über deine Gedanken, wenn du die Schwelle der Neigungen sicher überschreiten willst."

"Sei Herr über deine Seele, wenn du das Ziel erreichen willst. Richte den Blick deiner Seele auf das Eine Reine Licht, das frei ist von Neigungen, und benutze deinen Goldenen Schlüssel."

"Deine Arbeit, eine mühevolle Aufgabe, ist fast getan. Du bist im Begriffe, den breiten Schlund zu überwinden, der weit geöffnet ist, um dich zu verschlingen."

"Schon hast du den Graben überquert, der das Tor der menschlichen Leidenschaften umgibt. Du hast dein Herz von Makeln und unreinem Begehren gesäubert. Aber deine Aufgabe ist noch nicht beendet. Errichte einen hohen Wall um dein höheres Ego, dein denkendes Ich, einen Damm, der dich schützen wird vor der stolzen Genugtuung über die große Tat, die vollbracht ist."

"Ein Gefühl des Stolzes würde das Werk verunreinigen. Ja, errichte einen starken Damm, damit du nicht in dem Augenblick noch verschlungen wirst, in dem der Sieg schon errungen ist."

ZUSÄTZLICHE WINKE

Unsichtbare Welten

"Es gibt Millionen und Abermillionen für uns sichtbare Welten; aber viel größer ist die Zahl derer, die sich außerhalb der Reichweite der Teleskope befinden, und ein Großteil der Letzeren gehört nicht unserer objektiven Existenzebene an. Wenngleich so unsichtbar, als wären sie in unermesslicher Entfernung von unserem Sonnensystem gelegen, existieren sie mit uns, neben uns und innerhalb unserer eigenen Welt und sind so objektiv und materiell für ihre jeweiligen Bewohner, wie unsere Welt es für uns ist. Doch das Verhältnis zwischen diesen Welten und der unseren gleicht nicht dem einer Reihe ineinander versteckter ovaler Schachteln, nach der Art bestimmter chinesischer Spielzeuge. Jede Welt ist eigenen Gesetzen und besonderen Bedingungen unterworfen, ohne eine direkte Beziehung zu unserer Sphäre zu haben.

Ohne dass wir es wissen oder fühlen, können die Bewohner dieser Welten - wir sagten es schon - wie in einem leeren Raum *durch uns hindurch oder neben uns* her gehen; ihre Wohnstätten und Gebiete durchdringen die unseren, ohne dadurch unsere Sicht zu stören, denn wir besitzen noch nicht die für ihre Wahrnehmung notwendigen Fähigkeiten. Die Adepten und sogar einige Hellseher und Sensitive können indes dank ihres geistigen Schauens die Nähe von Wesen, die anderen Lebenssphären angehören, und ihre Anwesenheit unter uns in größerem oder geringerem Maße unterscheiden. Diejenigen Wesen, die in den geistig höheren Welten leben, kommunizieren nur mit jenen irdischen Sterblichen, die sich durch individuelle Bemühungen zu der höheren, von ihnen bewohnten Ebene erheben (...).

Die Existenz von Welten anzunehmen, die aus einer viel zarteren Materie bestehen als die eines Kometenschweifes, ist keine Sache des Aberglaubens, sondern schlicht und einfach eine Sache transzendenter Wissenschaft und mehr noch, eine Sache der Logik."

Die Geheimlehre

Band II

Neue Zehn Gebote

Es gibt auf dem Berg Sinai, aufgezeichnet im *Akasha,* ein ätherisches Gegenstück der Tafeln des Moses.

Die physischen Tafeln, die Steinplatten, existieren ebenfalls, sind aber in Verwahrung. Zu gewissen Zeiten wurden sie vom Planeten weggebracht, doch heute befinden sie sich in den Innerirdischen Rückzugsorten.

Shamballa und Miz Tli Tlan [1] haben eine direkte Beziehung zu den Tafeln und ihrer Wache. Und der Berg Sinai ist ein Tor nach Shamballa.

Die Hierarchien haben die Absicht, die Zehn Gebote erweitert und erläutert zu offenbaren, was eine Richtschnur für die neue planetarische Ära bedeuten wird.

Anfänglich waren die Zehn Gebote die zehn Grundsätze,

---

1 Shamballa war das mächtigste planetarische Zentrum, das in dem Zyklus aktiv war, der am 8/8/88 zu Ende gegangen ist. Das Zentrum, das heute alle anderen leitet, ist Miz Tli Tlan.

die der Mensch zu erfüllen hätte, damit das genetische Projekt durchgeführt werden könnte. Die Zehn Gebote haben einen spirituellen Aspekt, der im Universum anwesend bleibt, der jedoch nicht beachtet wird. Die Menschen haben sie vom konkreten Gesichtspunkt her verstanden, ihre Wirklichkeit liegt aber tiefer.

Sie wurden übermittelt von demjenigen, den wir heute auf den inneren Ebenen des Lebens als Joachel kennen, der zu jener Zeit Moses war. Er hat sie während des biblischen Exodus empfangen und musste diese Energie in das Bewusstsein jener Menschen einführen, denn sie alle sollten in der heutigen Zeit Aufgaben des Evolutiven Plans übernehmen.

Die meisten derer, die damals in der Wüste waren, sind heute inkarniert.

Der Kontakt mit der Schlange, die sie im **Exodus** als goldene Schlange erkannten, war ein Versuch, den geistigen Kontakt mit Enoch einzuprägen, einem Aspekt von Emmanuel, der wiederum ein Aspekt des Einen Gottes ist. Moses hatte die Aufgabe, diese Information, dieses Symbol zu offenbaren, damit man es als eine Antwort Gottes verstehen könnte. Doch das Volk nahm es als ein Symbol der Anbetung.

Was man damals den Menschen einzuverleiben versuchte, war eine kosmische Mentalenergie, ein Aspekt Enochs. Doch die von den Menschen geschriebene Geschichte und die **Bibel** erzählen eine andere Geschichte, und so entstand Verwirrung.

Jerusalem bewahrt in sich das Urbild der GÖTTLICHEN STADT, einer Stadt, organisiert nach den Kernpunkten und Mustern der Gesetze Emmanuels. Immer wieder hat man versucht, diesem Urbild Gestalt zu geben, aber die menschliche

Substanz konnte die Inkarnation dieses Prinzips nicht ertragen. Dieses Urbild muss wiedererrungen und übertragen werden, denn es enthält die Energie einer neuen Zivilisation.

Wie Jerusalem, gibt es auch andere ätherische Städte. Und nach Mitteilungen von Saint Germain über die wichtigsten Wüsten an eine bekannte esoterische Gesellschaft existieren sie tatsächlich. Jedoch müssen 144 inkarnierte Menschen den Heiligen Geist in sich aufnehmen, dann wird die Offenbarung des Heiligen Geistes durch diese Menschen ein Tor öffnen für die Wiederkunft des Christus, der sich auf dem Planeten materialisieren wird.

Die Menschheit sollte wissen und man sollte ihr verständlich machen, dass sehr oft die Bewohner der Städte durch den so genannten Tod gehen und am selben Ort reinkarnieren, weil sich Bindungen gebildet haben, die sie wieder zu denselben Umgebungen hinziehen. Der Schüler dagegen, der zum Dienst reinkarnieren soll, hat selbst die Führung zu übernehmen: "Nächstes Mal will ich in einer Familie von großem Licht geboren werden." Dies wird ihm einen sehr raschen Fortschritt ermöglichen.

(Mitteilung an die Kontaktgruppe am 23/03/2009)

Karma

Im Band II der **Geheimlehre** sagt HPB:

"Nicht das Karma bestraft oder belohnt, sondern wir selbst belohnen oder bestrafen uns je nach unserer Arbeit mit der Natur, für die Natur und in Übereinstimmung mit der Natur, je nachdem, ob wir den Gesetzen, von denen diese Harmonie abhängt, gehorchen oder sie übertreten."

"Die Wege des Karma sind nicht undurchdringlich, wenn die Menschen zulassen, dass Einheit und Harmonie ihre Handlungen leiten, anstatt diese nach Uneinigkeit und Kampf auszurichten ..."

"Würde kein Mensch seinem Nächsten schaden, dann hätte das Karma weder Grund einzugreifen noch Waffen, um sein Amt auszuüben. Es ist die ständige Anwesenheit der Elemente des Kampfes und der Opposition unter uns, es ist die Einteilung von Rassen, Nationen, Stämmen, Gesellschaften und Einzelnen in Kains und Abels, in Wölfe und Schafe, was die Hauptursache der so genannten Wege der Vorsehung bildet. Mit eigenen Händen entwerfen wir täglich den gewundenen Verlauf unseres Schicksals, im Glauben, in gerader Linie dem wahren Weg der Anständigkeit und der Pflichterfüllung zu folgen - und beklagen uns dann, dass diese gewundenen Kurven so düster und unentwirrbar sind ..."

"In Wirklichkeit gibt es keinen Zufall in unserem Leben, es gibt keinen schlechten Tag und kein Unglück, dessen Ursache nicht in unseren eigenen Taten in dieser oder einer anderen Existenz zu finden wäre. Übertritt jemand die Gesetze der Harmonie oder - mit dem Ausdruck eines Theosophen - die 'Gesetze des Lebens', so muss er gewärtig sein, in das Chaos zu stürzen, das er selbst hervorgebracht hat."

"Das Einige Leben ist innig verbunden mit dem Einigen Gesetz, das die Welt des Wesens regiert: das Karma."

"Im exoterischen und wörtlichen Sinn bedeutet Karma Tat: eine Ursache, die eine Wirkung erzeugt. Aber esoterisch ist es in seinen weitreichenden moralischen Auswirkungen etwas anderes: Es ist das unfehlbare GESETZ DER VERGELTUNG."

Träume, Tore zur inneren Welt

Wir träumen die ganze Nacht, aber wir erinnern uns kaum an das, was vor sich geht, während der physische Körper schläft. Die Tätigkeit des Astral- und des Mentalkörpers, wenn sie sich während des Schlafes vom physischen Körper trennen, ist etwas, das wir beherrschen oder zumindest bewusst begleiten könnten.

HPB schlägt vor, dass "wir um Träume bitten, die sich durch das höhere Ich dem Gedächtnis einprägen, denn diese sind einfach und klar. Sie bestehen weder aus Visionen noch aus nebulosen Situationen, die von dem durch die Phantasie verzerrten Gehirn aufgefasst werden - so wie es normalerweise geschieht."

"Das höhere Ich kann sogar Ereignisse einprägen, die vergangenen Inkarnationen angehören, und diese Träume sind wahr und klären uns über den Ursprung gewisser aktueller Situationen auf. Bitten wir das höhere Ich, allegorische Träume zu verhindern, d. h. die oben erwähnten unklaren Visionen von Wirklichkeiten, die durch das Gehirn empfangen werden! Diese sind als Hinweise nur zum Teil wahr, und wir müssen ihnen gegenüber neutral und ruhig eingestellt sein, damit sie uns nicht beeinflussen."

Man hat HPB gefragt, ob es Mittel gebe, Träume zu deuten. "Nur durch die Hellsichtigkeit und geistige Intuition des Deuters. Jedes träumende Ego unterscheidet sich von allen anderen, genau so wie unsere physischen Körper."

"Im Allgemeinen", sagt HPB, "können wir die Träume in sieben Arten einteilen:

1. Prophetische Träume. Sie werden vom höheren Ich in unser Gedächtnis eingeprägt und sind meist einfach und klar. Entweder man hört eine Stimme oder ein nahes Ereignis wird im Voraus gesehen.

2. Allegorische Träume oder unklare Visionen von Wirklichkeiten, die durch das Gehirn empfangen und durch unsere Phantasien verzerrt werden. Sie sind nur teilweise wahr. Sie enthüllen die Verbindung, die wir in Bezug auf bestimmte Angelegenheiten haben können.

3. Träume, die durch - gute oder böse - Adepten [1] oder Hypnotiseure gesandt werden oder von Gedanken eines sehr mächtigen Verstandes herrühren, die wollen, dass wir ihrem Willen gehorchen.

4. Träume, die auf Ereignisse zurückblicken, die vergangenen Inkarnationen angehören. Sie können sich in einem tiefer gelegenen Gedächtnis befinden.

5. Warnträume für andere Menschen, die nicht fähig sind, die Informationen direkt zu empfangen. Bei diesen Träumen brauchen wir Unterscheidungskraft, wenn wir

---

1 Adepten im positiven Sinne sind Wesen, die über die Entwicklung der Menschen wachen. Für weitere Informationen siehe Fußnote auf Seite 38 .

sie mitteilen, denn manchmal stellen sie sich ein, damit wir Elemente bekommen, um mit jemandem angemessen umzugehen.

6. Wirre Träume, deren Ursachen oben schon erwähnt wurden. Sie sind ein Gemisch von Reizen oder Eindrücke von den kollektiven Ebenen.

7. Träume, die reine Phantasien und chaotische Bilderfolgen sind, zurückzuführen auf Verdauungsschwierigkeiten, ein mentales Problem oder irgendeine äußere Ursache."

In Band III der **Geheimlehre** wird festgestellt, dass "es sieben Deutungsschlüssel für jedes Symbol bzw. jede Allegorie gibt. Eine Bedeutung, die etwa die psychologische oder astronomische Seite nicht befriedigen mag, kann dennoch vom physischen oder metaphysischen Gesichtspunkt her vollkommen korrekt sein."

HPB forschte nach dem Unbekannten, und so begegnete sie in Träumen ihrem inneren Lehrer. Und in Träumen unterrichtete Er sie.

(Adaptierte Ausschnitte aus einer Untersuchung von HPB, die in den Protokollen der Blavatsky-Loge der Theosophischen Gesellschaft zu finden ist.)

LETZTE STREIFLICHTER

Eine Ergänzung
zu Blavatskys Texten

Es steht für diese Zeit eine Öffnung im Bewusstsein der Menschen auf dem Plan, die sich - als letzte Erweiterungsphase vor den Schlussmomenten der Etappe der planetarischen Reinigung - in großem Ausmaß vollziehen wird.

In diesem Zyklus beginnt die bewusste und geführte Ausdehnung, und wo Offenheit vorhanden ist, wird der Prozess seinen Anfang nehmen oder fortgesetzt werden. Drei verschiedene Phasen werden zu beobachten sein:

ERSTE PHASE: Die Öffnung des Menschen wird drei Erweiterungsstufen ermöglichen.

Stufe 1: Erscheinende Wirklichkeiten erkennen, auf ätherischer Ebene wahrnehmen, wie etwa das deutlich sichtbare subtile aurische Feld oder die Energien in der Umgebung.

Stufe 2: Außersinnliche Wahrnehmungen fortgeschrittener Art und in anderen Dimensionen einsetzbare Sinnesorgane erlangen.

Stufe 3: Außerirdische, kosmische Wahrnehmungen innerer Art erlangen, d. h. Wahrnehmungen dessen, wovon das innere Wesen erlaubt, dass es im Kosmos empfangen wird und ins irdische Bewusstsein gelangt.

ZWEITE PHASE: Aktive Teilnahme des Menschen an der Integration von niedrigeren Basisebenen. Vervollkommnung des telepathischen und außersystemischen Kontakts (Kontakt zwischen Planeten unterschiedlicher Sonnensysteme).

DRITTE PHASE: Bewusstes Mitwirken des Menschen auf kosmischer Ebene. Ein mentales Bewusstsein, das diese Ebene erreicht, ist eingetaucht ins kosmische Fluidum, das von verbündeten Zivilisationen stammt, die den Menschen von Anfang an begleiten. Die Ausdehnung nach dieser Phase wird bewirken, dass der Mensch in der ABSICHT aufgeht und eins mit ihr wird.

Die erste Phase ist für alle verfügbar und hat schon begonnen.

Die zweite Phase ist für jene, die in der WAHRHEIT ausharren. Illusion und Lüge verhindern das Vorwärtsschreiten des Wanderers. Das ist von weitreichender Bedeutung und erfordert Vorsicht, um nicht Fehlinterpretationen zu erzeugen.

Die dritte Phase ist für die Schüler, die nicht aufgegeben haben angesichts der Prüfungen und die für die Realität erwacht sind mit einem Bewusstsein der Kommunion, der Treue und der Ehrfurcht vor dem Plan, der sie führt.

Alles hängt von der Hingabe, der Liebe und der Intensität des Strebens des Wanderers ab.

Die Tore sind offen.

Sieben Wege, die dem fortgeschrittenen Menschen offen stehen

"Sobald der Mensch das menschliche Reich hinter sich lässt, gelangt er an die Schwelle des über-menschlichen Lebens und wird dann ein freier Geist. Vor ihm öffnen sich sieben Pfade zur Wahl:

1. Glückselige Allwissenheit und Allmacht auf nirvanischer Ebene. Der Mensch wird in einer zukünftigen Welt eine göttliche Inkarnation.

2. In die so genannte spirituelle Periode eintreten und alles vergessen, was die Erde betrifft.

3. Sich in einen sehr wirkungsvollen unsichtbaren Mitarbeiter der Menschheit verwandeln.

4. Ein Mitglied der verborgenen Hierarchie werden, die die Welt, in der er die Vollkommenheit erlangt, regiert und schützt.

5. In die Kettenfolge zukünftiger Welten hinüberwechseln,

um ihre Formen erbauen zu helfen.

6. In die Engelsevolution der Devas[1] eintreten.

7. Sich irgendwo im Sonnensystem dem unmittelbaren Logos-Dienst widmen, um von Ihm als Helfer und Bote eingesetzt zu werden.

Die spirituelle Evolution des inneren, unsterblichen Menschen bildet die Grundlehre der okkulten Wissenschaften. Und um all dies zu verstehen, muss der Lernende an das All-Eine Leben glauben, das unabhängig ist von der Materie, und an die individuellen Intelligenzen, die die verschiedenen Erscheinungsformen dieses Prinzips beseelen."

---

1 Wesen mit einer parallel zu der der Menschheit verlaufenden Evolutionslinie. Sie besitzen keine dichten physischen Körper. Siehe Trigueirinho, Glossário Esotérico. São Paulo, Editora Pensamento.

"Die allumfassende Brüderlichkeit hat die gemeinsame Seele zur Grundlage. Weil es eine allen Menschen gemeinsame Seele gibt, ist Brüderlichkeit und sogar ein allgemeines Verstehen möglich. Wenn wir erwirken, dass die Menschen sich auf diese Grundlage stützen, werden sie erlöst werden. Es gibt in jedem Menschen eine göttliche Macht, die sein Leben regiert und die niemand zum Bösen beeinflussen kann - selbst der größte Magier nicht. Mögen die Menschen ihr Leben dieser Leitung unterstellen, und sie werden nichts zu befürchten haben, weder von einem Menschen noch vom Dämon."

H.P. Blavatsky
(Vortragsausschnitt)

Bibliographische Hinweise

- AGNI YOGA SOCIETY, NEW YORK.

- H. P. Blavatsky. A DOUTRINA SECRETA - SÍNTESE DA CIÊNCIA, DA RELIGIÃO E DA FILOSOFIA, VOLUME I (DIE GEHEIMLEHRE - Eine Synthese von Wissenschaft, Religion und Philosophie, Band I). São Paulo, Brasilien: Editora Pensamento.

- H. P. Blavatsky. A DOUTRINA SECRETA - SÍNTESE DA CIÊNCIA, DA RELIGIÃO E DA FILOSOFIA, VOLUME II (DIE GEHEIMLEHRE - Eine Synthese von Wissenschaft, Religion und Philosophie, Band II). São Paulo, Brasilien: Editora Pensamento.

- H. P. Blavatsky. A DOUTRINA SECRETA - SÍNTESE DA CIÊNCIA, DA RELIGIÃO E DA FILOSOFIA, VOLUME III (DIE GEHEIMLEHRE - Eine Synthese von Wissenschaft,

Religion und Philosophie, Band III). São Paulo, Brasilien: Editora Pensamento.

- H. P. Blavatsky. A VOZ DO SILÊNCIO (DIE STIMME DER STILLE). São Paulo, Brasilien: Editora Pensamento.

- H. P. Blavatsky. GLOSSÁRIO TEOSÓFICO (THEOSOPHISCHES GLOSSAR). São Paulo, Brasilien: Editora Ground.

- J. Trigueirinho Netto. ERKS – Mundo Interno (ERKS – INNERE WELT). São Paulo, Brasilien: Editora Pensamento.

- J. Trigueirinho Netto. GLOSSÁRIO ESOTÉRICO (ESOTERISCHES LEXIKON). São Paulo, Brasilien: Editora Pensamento.

- J. Trigueirinho Netto. MIZ TLI TLAN – Um Mundo que Desperta (MIZ TLI TLAN – EINE WELT ERWACHT). São Paulo, Brasilien: Editora Pensamento.

- S. Cranston. HELENA BLAVATSKY - A Vida e a Influência Extraordinária da Fundadora do Movimento Teosófico Moderno (HELENA BLAVATSKY - Das Leben und der außergewöhnliche Einfluss der Begründerin der modernen theosophischen Bewegung). Brasília, Brasilien: Editora Teosófica.

Helena Petrovna Blavatsky

Schriftstellerin, die im 19. Jahrhundert die Verbindung zwischen Wissenschaft, Religion und Philosophie vertiefte. Sie war Erforscherin der alten Weisheit, wurde jedoch von den meisten ihrer Zeitgenossen missverstanden. Blavatsky hinterließ ein spirituell-philosophisches Erbe, das die Essenz des esoterischen Denkens in sich birgt und für die heutige Zeit von unschätzbarem Wert ist.

ISIS ENTSCHLEIERT und DIE GEHEIMLEHRE sind zwei ihrer offenkundig höher inspirierten Werke. In ihnen werden die Fundamente für die zukünftige Menschheit gelegt.

José Trigueirinho Netto

Autor von 77 Büchern mit einer Gesamtauflage von ca. zwei Millionen Exemplaren in verschiedenen Sprachen. Trigueirinho gibt seine Botschaft auch in Vorträgen weiter, die live aufgenommen werden.

Sein Werk ist einer der Träger der neuen Phase der Lehre, die die Spirituellen Hierarchien heute der Menschheit übermitteln. Zu den Hauptthemen gehören die große Transformation, durch die der irdische Mensch und dieser Planet derzeit gehen, sowie die Bedeutung und das Ziel einer derartigen Umwandlung.

Bücher des Autors

Alle Bücher von Trigueirinho sind in Portugiesisch und Spanisch herausgegeben worden. Andere Sprachen: Deutsch [1] Englisch [2] Französisch [3].

1987

❖ UNSER LEBEN IN DEN TRÄUMEN (NOSSA VIDA NOS SONHOS)

❖ DIE ENERGIE DER STRAHLEN IN UNSEREM LEBEN (A ENERGIA DOS RAIOS EM NOSSA VIDA)

1988

❖ VOM UNWIRKLICHEN ZUM WIRKLICHEN (DO IRREAL AO REAL)

❖ ZEIT DES INNEREN WACHSENS – Der Herkules-Mythos heute (HORA DE CRESCER INTERIORMENTE – O Mito de Hércules Hoje)

❖ TOD OHNE ANGST UND SCHULD (A MORTE SEM MEDO E SEM CULPA)

❖ WEGE ZUR INNEREN HEILUNG (CAMINHOS PARA A CURA INTERIOR)

1989

❖ ERKS – Innere Welt (ERKS - Mundo Interno)[3]

❖ MIZ TLI TLAN – Eine Welt erwacht (MIZ TLI TLAN – Um Mundo que Desperta) [3]

❖ AURORA – Kosmische Heilungsessenz (AURORA – Essência Cósmica Curadora) [3]

❖ ZEICHEN DES KONTAKTS (SINAIS DE CONTATO)

❖ DER NEUBEGINN DER WELT (O NOVO COMEÇO DO MUNDO)

❖ DIE FÜNFTE RASSE (A QUINTA RAÇA)

❖ VERHALTENSMUSTER FÜR DIE NEUE MENSCHHEIT (PADRÕES DE CONDUTA PARA A NOVA HUMANIDADE)

❖ NEUE ZEICHEN DES KONTAKTS (NOVOS SINAIS DE CONTATO)

❖ DIE GÄRTNER DES WELTRAUMS (OS JARDINEIROS DO ESPAÇO)

1990

- ✧ SUCHE NACH DER SYNTHESE (A BUSCA DA SÍNTESE)
- ✧ DAS SCHIFF NOAHS (A NAVE DE NOÉ) [2]
- ✧ ZEIT DER EINKEHR UND ZEIT DER WACHE (TEMPO DE RETIRO E TEMPO DE VIGÍLIA)

1991

- ✧ TORE DES KOSMOS (PORTAS DO COSMOS)
- ✧ INNERE BEGEGNUNG – Das Bewusstseinsschiff (ENCONTRO INTERNO – A Consciência-Nave)
- ✧ DIE STUNDE DER BEFREIUNG (A HORA DO RESGATE)
- ✧ DAS BUCH DER ZEICHEN (O LIVRO DOS SINAIS)
- ✧ MIRNA JAD – Inneres Heiligtum (MIRNA JAD – Santuário Interior)
- ✧ DIE GOLDENEN SCHLÜSSEL (AS CHAVES DE OURO)

1992

- ✧ VON DEN KÄMPFEN ZUM FRIEDEN (DAS LUTAS À PAZ)
- ✧ DER WOHNSITZ DER ELYSIER - Ein esoterisches Abenteuer (A MORADA DOS ELÍSIOS)
- ✧ ZEIT DES HEILENS – Die verborgene Existenz (HORA DE CURAR – A Existência Oculta)
- ✧ DIE NEUOFFENBARUNG VON FATIMA – Lis (O RESSURGIMENTO DE FÁTIMA – Lis)
- ✧ IN DEN SPIEGELN GESCHRIEBENE GESCHICHTE – Prinzipien der kosmischen Kommunikation (HISTÓRIA ESCRITA NOS ESPELHOS – Princípios de Comunicação Cósmica)
- ✧ SCHRITTE, DIE JETZT ZU TUN SIND (PASSOS ATUAIS)
- ✧ REISE DURCH FEINSTOFFLICHE WELTEN (VIAGEM POR MUNDOS SUTIS)
- ✧ ENTHÜLLTE GEHEIMNISSE – Iberah und Anu Tea (SEGREDOS DESVELADOS – Iberah e Anu Tea)
- ✧ DIE SCHÖPFUNG – Auf den Wegen der Energie (A CRIAÇÃO – Nos Caminhos da Energia)
- ✧ DAS MYSTERIUM DES KREUZES IM GEGENWÄRTIGEN PLANETARISCHEN

ÜBERGANGSGESCHEHEN (O MISTÉRIO DA CRUZ NA ATUAL TRANSIÇÃO PLANETÁRIA) [2]

✧ DIE GEBURT DER ZUKÜNFTIGEN MENSCHHEIT (O NASCIMENTO DA HUMANIDADE FUTURA)

1993

✧ DENEN, DIE ERWACHEN (AOS QUE DESPERTAM)

✧ INNERER FRIEDE IN KRITISCHEN ZEITEN (PAZ INTERNA EM TEMPOS CRÍTICOS)

✧ DIE AUSBILDUNG VON HEILERN (A FORMAÇÃO DE CURADORES)

✧ PROPHEZEIUNGEN FÜR JENE, DIE NICHT FÜRCHTEN JA ZU SAGEN (PROFECIAS AOS QUE NÃO TEMEM DIZER SIM)

✧ DIE STIMME AMHAJS (A VOZ DE AMHAJ) [2]

✧ DER BESUCHER – Der Weg nach Anu Tea (O VISITANTE – O Caminho para Anu Tea)

✧ DIE HEILUNG DER MENSCHHEIT (A CURA DA HUMANIDADE)

✧ DIE ZAHLEN UND DAS LEBEN - Ein neues Verständnis der in den Zahlen verborgenen Symbolik (OS NÚMEROS E A VIDA – Uma Nova Compreensão da Simbologia Oculta nos Números)

✧ NISKALKAT – Eine Botschaft für die Notzeiten (NISKALKAT – Uma Mensagem para os Tempos de Emergência) [2]

✧ BEGEGNUNGEN MIT DEM FRIEDEN (ENCONTROS COM A PAZ)

✧ NEUE ORAKEL (NOVOS ORÁCULOS)

✧ EIN NEUER ASTROLOGISCHER IMPULS (UM NOVO IMPULSO ASTROLÓGICO)

1994

✧ GRENZEN DES UNIVERSUMS – Neue Offenbarungen über Geheimwissenschaft (CONFINS DO UNIVERSO – Novas Revelações sobre a Ciência Oculta)

✧ GRUNDLAGEN DER FEURIGEN WELT – Hinweise zur Kontaktaufnahme mit den überphysischen Welten (BASES DO MUNDO ARDENTE – Indicações para Contato com os Mundos Suprafísicos)

❖ KONTAKTE MIT EINEM INNERIRDISCHEN KLOSTER (CONTATOS COM UM MONASTÉRIO INTRATERRENO)

❖ DIE OZEANE HABEN OHREN (OS OCEANOS TÊM OUVIDOS)

❖ DER WEG DES FEUERS – Eine Einführung in ewige Gesetze (A TRAJETÓRIA DO FOGO)

❖ ESOTERISCHES LEXIKON (GLOSSÁRIO ESOTÉRICO)

1995

❖ DAS LICHT IN DIR (A LUZ DENTRO DE TI) [1] [2]

1996

❖ TOR ZUM INNEREN LEBEN (PORTAL PARA UM REINO) [1] [2]

❖ JENSEITS DES KARMA (ALÉM DO CARMA) [2]

1997

❖ WIR SIND NICHT ALLEIN (NÃO ESTAMOS SÓS) [2]

❖ EINFLÜSSE DES GEISTES (VENTOS DO ESPÍRITO) [2]

❖ DAS AUFFINDEN DES TEMPELS (O ENCONTRO DO TEMPLO) [2]

❖ DER FRIEDEN EXISTIERT (A PAZ EXISTE) [2]

1998

❖ WEG OHNE SCHATTEN (CAMINHO SEM SOMBRAS) [2]

❖ BOTSCHAFTEN FÜR EIN LEBEN IN HARMONIE (MENSAGENS PARA UMA VIDA DE HARMONIA)

1999

❖ GÖTTLICHE BERÜHRUNG (TOQUE DIVINO)

❖ AUSSCHNITTE DES HIMMELS (COLEÇÃO PEDAÇOS DE CÉU)
    ❖ AROMEN AUS DEM WELTRAUM (AROMAS DO ESPAÇO)
    ❖ NEUES LEBEN KLOPFT AN DIE TÜR (NOVA VIDA BATE À PORTA)
    ❖ MEHR LICHT AM HORIZONT (MAIS LUZ NO HORIZONTE)
    ❖ DER KOSMISCHE GLOCKENTURM (O CAMPANÁRIO CÓSMICO)

- ❖ NICHTS FEHLT UNS (NADA NOS FALTA)
- ❖ HEILIGE MYSTERIEN (SAGRADOS MISTÉRIOS)
- ❖ INSELN DER ERLÖSUNG (ILHAS DE SALVAÇÃO)

2002

- ❖ EIN AUFRUF AN DIE MENSCHHEIT (UM CHAMADO ESPECIAL) [1] [2] [3]

2004

- ❖ DU BIST EIN KOSMISCHER REISENDER (ÉS VIAJANTE CÓSMICO)
- ❖ IMPULSE (IMPULSOS)

2005

- ❖ GEDANKEN FÜR DAS GANZE JAHR (PENSAMENTOS PARA TODO O ANO)

2006

- ❖ SPIRITUELLE ARBEIT MIT DEM MENTALEN (TRABALHO ESPIRITUAL COM A MENTE)

2009

- ❖ ZEICHEN VON BLAVATSKY – Eine ungewöhnliche Begegnung in der heutigen Zeit (SINAIS DE BLAVATSKY – Um inusitado encontro nos dias de hoje) [1] [2]

TRIGUEIRINHOS WERKE ERSCHEINEN BEI FOLGENDEN VERLAGEN:

ASSOCIAÇÃO IRDIN EDITORA – info@irdin.org.br, Carmo da Cachoeira, Brasilien. (Ausgewählte Titel in englischer Übersetzung sowie CDs in verschiedenen Sprachen)

EDITORA PENSAMENTO – pensamento@cultrix.com.br, São Paulo, Brasilien. (Alle Bücher in der Originalsprache Portugiesisch)

EDITORIAL KIER – info@kier.com.ar, Buenos Aires, Argentinien. (Ausgewählte Titel in spanischer Übersetzung)

ÉDITIONS VESICA PISCIS – edito@vesicapiscis.org, Jaca, Spanien. (Ausgewählte Titel in französischer Übersetzung)

LICHTWELLE-VERLAG – info@lichtwelle-verlag.ch, Zürich, Schweiz. (Ein Titel in deutscher Übersetzung)

www.ingramcontent.com/pod-product-compliance
Lightning Source LLC
Chambersburg PA
CBHW061702120626
46550CB00003B/1047